中小学教师
科研理论与实践

熊德明 ◎ 著

 郑州大学出版社

图书在版编目(CIP)数据

中小学教师科研理论与实践／熊德明著．— 郑州：郑州大学出版社，
2022. 12

ISBN 978-7-5645-9288-2

Ⅰ．①中… Ⅱ．①熊… Ⅲ．①中小学教育－教育研究 Ⅳ．①G630

中国版本图书馆 CIP 数据核字(2022)第 231513 号

中小学教师科研理论与实践
ZHONG-XIAOXUE JIAOSHI KEYAN LILUN YU SHIJIAN

策划编辑	黄世昆	封面设计	王　微
责任编辑	樊建伟	版式设计	凌　青
责任校对	成振珂	责任监制	李瑞卿

出版发行	郑州大学出版社	地　　址	郑州市大学路40号(450052)
出 版 人	孙保营	网　　址	http://www.zzup.cn
经　　销	全国新华书店	发行电话	0371-66966070
印　　刷	郑州宁昌印务有限公司		
开　　本	710 mm×1 010 mm　1／16		
印　　张	15	字　　数	230 千字
版　　次	2022 年 12 月第 1 版	印　　次	2022 年 12 月第 1 次印刷

书　　号	ISBN 978-7-5645-9288-2	定　　价	56.00 元

学校实施素质教育,教师是关键;教育科研,也要以教师为本。过去,由于教师编制紧张,教学任务繁重,再加上认识的局限,中小学教师普遍缺乏科研意识。近几年,我国中小学教师教育科研十分活跃,中小学教师教育科研意识明显增强,一个普及性、群众性教育科研局面已经形成。但目前中小学教师教育科研的基础素质相对薄弱,科研能力尚显不足,在一定程度上影响了教育科研的有效推进,若不及时引导,必将挫伤教师参与教育科研的积极性,形成中小学教师教育科研内部的恶性循环。解决这一难题的重点是逐步培养和提高中小学教师教育科研能力。

长期以来,在教育理论研究和教育实践这两块领地里存在着分工:从事教育科学理论研究的是那些专门研究人员,而从事教育实践的则是第一线的教师,这就使得中小学教师产生了一种错误的观念。他们认为搞教育科研是那些"脱离实践"的专家们的事情,他们不能"越俎代庖"。工作在教育第一线的教师,不开展必要的教育科研,使得许多好的教育经验自生自灭,得不到及时总结,多种多样的教育问题得不到及时解决。脱离教育实践的教育理论往往显得高深莫测却解决不了实际问题,脱离教育理论指导的教育实践,长期围于低层次经验摸索,有些甚至常年在原地绕圈子,教育质量提高缓慢,违反教育规律的事屡见不鲜,严重地影响了教育事业的发展。学校必须采取各种措施,转变教师的观念,使教师在认识上把教育科研看作教育的一个组成部分,进行教育科研是每个教师必须履行的职责,使教师增强开展教育科研的自觉性和主动性,成为教育科研的主人。

在传统教育观念的影响下,不少青年教师认为自己的责任是"传道、授业、解惑"。针对这种想法,就必须在确立科研意识上下功夫,消除对教育科研的模糊认识,确立科研就在身边的意识。教师身在教育第一线,有成功的喜悦,也有失败的苦恼,这就为科研课题的选择创造了有利条件;因为在教学第一线,所以进行教育调查、组织教育实验就十分便利;也正因为在教育第一线,所以就更容易将自己的研究落实在教育理论与实践的结合点上,切实提高教师的理论思维能力和教育教学能力。投身教育科学研究是教师专业发展、尽快走向成熟的有效途径。

自从2010年我校承担"国培计划"中小学教师培训项目开始,我就一直坚持把中小学教师科研专题作为培训的重要专题,深受学员欢迎与好评。先后讲授了"中小学教师科研选题""中小学教师科研主要研究方法""中小学教师科研表达""中小学教师科研课题申报与实施""中小学教师叙事研究""中小学课例研究的理论与实践"等,很多参训教师在参训后教科研水平得到很快提升,成长为骨干教师、名师、名校长。同时,作为评审专家,还参与了襄阳市中小学教师省级、市级课题开题、结题活动100多场,深切体会到中小学教师开展科研确实还存在诸多问题和困难。为此,我一直有个愿望,就是把自己十几年来指导中小学教师科研积累的经验和思考,总结提炼出版,让更多一线教师受益。

当然,科研需要广大中小学教师自我修炼,同时需要中小学校长在办学中,牢固树立"科研兴校""科研兴教"的全新观念。在学校工作中,要正确处理好科研与管理、教育的关系,使二者有机结合,相互促进,以达到领导决策、管理、教育都建立在教育科研基础之上的良好效应;在政策措施上,应建立有利于教师成才的目标激励机制，引导教师热心教育科研，以科研兴教。学校还要以目标管理的方式，对教师的教育实践活动有计划有步骤地提出教育科研要求，适时适量地给教师压担子，下任务，定专题，使教师将教育与科研结合起来。定期交流，定期检查，并与教师的工作考核挂钩，做到循序渐进，充分调动教师开展教育科研的积极性。持之以恒，教师的教育科研意识就能日益强烈而内化成一种自觉需要。

本书由我统稿，熊丹妮参与资料收集整理工作，并撰写了部分章节。全书共分为六章。第一章介绍了中小学教师科研的必要性、概述、主要内容以及注意事项；第二章介绍了科研选题的概念、选择课题的基本策略以及常用方法等；第三章对中小学教师常用的科研方法做了相对详尽的介绍，主要介绍了教育叙事研究、教育案例研究、教育调查研究、教育观察研究、教育行动研究以及教育实验研究；第四章主要介绍了一般论文、教育随笔、教育调查报告以及教育观察报告的撰写；第五章介绍了中小学教师科研课题申报、实施以及结题；第六章主要开展了中小学教师科研现状的调查，并提出了提高中小学教师科研水平的对策建议。

本书的出版得到湖北文理学院鄂西北学前教育研究中心学科平台经费资助，在此深表谢意。本书在撰写过程中，参考、借鉴了大量著作与部分学者的理论研究成果，在此一并表示感谢。由于作者精力有限，加之行文仓促，书中难免存在疏漏与不足之处，望各位专家学者与广大读者批评指正，以使本书更加完善。

熊德明

2022 年 5 月于湖北文理学院明志楼

目录

第一章

中小学教师科研定位

第一节　中小学教师科研的必要性

随着社会发展和变革的日趋加速,社会生活也日渐丰富与复杂,以科学研究的态度对待工作和生活已逐渐成为人们的生活方式之一。教育领域作为人类文明的集散地,教育工作者作为人类文明的传承者和开拓者,对开展教育科研、探索教育规律、解决教育问题、促进教育改革和发展,具有义不容辞的责任。

一、教师进行教育科研的重要性

教育科研是探索未知、在理论或实践上有所创新发明的认识活动。20世纪40年代以来,随着科学技术的迅猛发展及其在生产、生活、国防各方面的广泛运用导致的各国政要对国民经济发展、综合国力与教育发展关系认识的不断深化,随着高科技产业的蓬勃兴起与此消彼长,各行业对从业者基本素质要求的不断提高,以及人们对健全人格、高质量完美生活的刻意追求,世界各国、广大民众对发展教育事业表现出了前所未有的热情与慷慨,因而导致了教育的日渐普及,教育对象的全民化和社会各界、广大民众对教育教学工作质量的广泛关注。教育工作也由此从英才教育迈上了英才教育与全民教育相互融通的轨道,社会的教育观也由传统的"传道、授业、解惑"向全面发展教育、和谐教育、健全人格教育、素质教育、创新教育全方位推进。基于此,教育科研的重要性也日益为人们所认识。教师进行教育科研是教师全面成长的重要渠道,是教师全面履行职责、高质量完成教育教学任务,培养成为时代需要的具有良好素质、健全人格和创新精神与能力的社会成员的基础手段,是发展、繁荣教育科研、推进教育改革、提升教育发展水平的重要环节。

(一)开展教育科研有利于转变观念,全面实施素质教育

有什么样的教育观念就有什么样的教育行为。我国在 20 世纪 90 年代中后期,顺应时代发展开始全面推进素质教育,要求教育工作者必须改变应试教育的观念,减轻学生负担,实现知识技能教学能力培养与健全人格、个性发展教育的统一。改变传统的应试教育观,需要形成新的教学观、学生观、师生观、课程观、人才观、教育评价观等。改变旧有观念,形成新的观念,仅仅靠理性的思考是远远不够的,旧观念的更新和新观念的形成与巩固需要教育改革与研究的实践。

(二)教育改革必须依托教育科研

教育改革只有在科学的教育理论指导下才能不断引向深入。近年来,随着教育改革的深入推进,教育领域发生了一系列根本的变革,推动了教育科研的展开。因此,从事教育科研活动,是时代赋予教育工作者的重要任务。在全国教育发展不均衡的情况下,如何办好各级各类教育,教育内容如何紧跟现代科学技术的前进步伐,教育方法如何走出传统的"说教"樊篱、推出新的教育手段等,都是需要教育工作者解决的问题。教育理论对于教育的改革和发展具有先导作用。

(三)从事教育科研工作是教师提高自身整体素质,提高教育教学质量与效率的重要手段

1. 有助于塑造创新教育观念的教师

传统观念认为,教师只是传授知识的主体,是"传播器"。科学技术的日益发展,使得教育教学从对象、方法到组织实施等各方面发生了深刻的变化,要求教师摆脱"教书匠"的角色,成为具备各方面知识、具有较高的理论水平和研究能力的研究者。教师不只是传播知识,还要懂得将知识如何更为有效地传授。这就要选择适当的方法,研究具体的对象,及时反馈信息等,从而使知识的传授变为能力的培养。教师在其中自觉地选用相关的知识,实际上起着研究者的作用。时代对教师的教育科研能力提出了要求,要求教师加强自身素质,努力研究教学实践中的具体问题,变单纯的教为教学与科研相结合,培养出具有创新精神、新型知识和能力结构的学生,也使自身的形象在这一转变中得以确立。可以这样说,许多优秀教师的成长,都是他们积极进行或参与教育科研,在研究探索中掌握了行之有效的教育教学方法,积累了相应的经验,甚至创造性地提出了新的教育教学观念和方法,大大提高了教育教学的效率。

2.有助于促进教师各方面素养的提高

教育科研活动是一项创新活动,它需要研究者在实践中不断探求新知识,寻找新发现。而在这一创新活动中,研究者自身素质的提高会有进一步的要求。教师作为研究者参与科研活动,既是对其各方面能力、素养的检验,也是提高自身素养的一个重要途径。教师参与科研活动,将教学与科研结合,从实践中寻找理论的出发点和落脚点,从研究中提高自身水平,使教学水平、管理水平、科研能力都得到发展与提高。教师进行教育科研,就要使科研意识深入自己的大脑,使科研活动成为自觉行动。通过教育科研,教师可以发现存在问题和不足,掌握解决问题的途径和方法,在实践中提高各方面的素养。这是因为:

(1)进行教育科研要求教师在一定的教育理论指导下从事教育教学活动,具有自我施压、提升素质的作用。进行教育科研需要认真学习教育及相关学科的理论,系统地搜集、积累资料。这在很大程度上起到了锻炼和提高科学分析概括能力和技巧的作用,有助于形成严谨的科学态度、扩大眼界,使自己原来肤浅、零散的教育教学经验和认识提高到深刻、系统的理论高度,进而提高自己的理论水平与业务能力。[①]

(2)开展教育科研有利于教师更新知识,激发创新意识,发展创新能力。

---

①　张肇丰.从实践到文本:中小学教师科研写作方法导论(第二版)[J].上海教育科研,2018(2):100.

当代社会经济、科技发展迅猛,各方面的新信息铺天盖地,知识老化与更新周期急剧缩短,新学科、新理论、新技术、新方法层出不穷,教育教学手段日趋自动化、科技化、微型化,特别是以计算机技术为主的信息搜集、整理、传输手段正在实现着多科技化、多媒体化、超越时空化的革命,在教育信息化加速发展的今天,即使教师过去基础扎实,知识占有量比较充分,也还需要不断地进行再学习,不断地更新知识与能力的结构。进行教育科研是教师更新知识、发展能力、提高水平的最佳途径和方法。因为教育科研课题来自一定的教育理论和教育实际,具有时代性、整体性和创新性。教师直接参加教育科研需要在实践中积极探索,促使自己自觉地学习,留意并有意识地分析加工有关信息等。所有这些都极大地推动并提升了教师的业务素质。

(3)教育科研是教育改革的先导和基础。教师在从事教育科研,特别是教育改革实验的研究中,要参照教育研究部门确定的教育研究任务和课题,从个人实际出发,通过选择课题,确定目标、设计方案,运用一定的方法和手段,研究各种相关的教育问题,在思考、探索中开展教育调查,进行教改实验,这不仅能丰富自己的教育教学实践,取得一定的教育研究成果,而且能使自己明确教育改革的实质,提高改进教育教学工作的自觉性和紧迫感,为深化教育改革做出贡献。

(4)开展教育科研能够切实提高教师的教育科研意识,促进教师按照科研的要求调整并转换自己的角色。创新与解决实际问题是教育科研的基本特点。每个教师都可以结合自己所教学科、所育对象的实际承担课题组中的专题研究。通过教育科研活动,不仅有利于教师解决实际的教育教学问题,而且能弥补自己知识、能力乃至性格方面的缺陷,转变观念,提高素质,增强从事教育工作的信心与成熟感。在此过程中,必定会促使教师的教育教学工作从"经验型"向"科研型"转变,也能在很大程度上促进教师的角色从"教书匠"向"专家型""学者型"转变。

3. 有助于造就一大批教育专家

中小学教师不能满足于当一名"教书匠",应该立志当一名教育专家。古今中外的教育家,有许多是教师出身,如我国古代的孔子,现代的陶行知、斯霞、霍懋征、魏书生;外国如捷克的夸美纽斯,苏联的马卡连科、苏霍姆林斯基等。教师成为教育专家，就必须勇于探索，勇于创新，积极从事教育科研和实验。

开展教育科研可以有效地提高教师水平。《中华人民共和国教师法》规定，教师享有开展教育教学改革和实验、从事科学研究的权利。我国《中小学教师水平评价基本标准条件》中又规定：正高级教师必须具有主持和指导教育教学研究的能力；高级教师必须具有指导与开展教育教学研究的能力；一级教师必须具有一定的组织和开展教育教学研究的能力；二级教师必须掌握教育教学研究方法，积极开展教育教学研究和创新实践。从事科研必须打破对科研工作的神秘观念，不要以为教育科研高不可攀而将自己置于教育科研的门外。教师在教育教学工作的前线，不仅在实践中积累了一定的工作经验，而且对教育教学工作中诸如教材、教法、学生发展等方面的问题最知情，最有发言权，这是教师开展教育科研的有利条件，只要胸有大志、积极探索、日积月累，不仅能有效地提高自身各方面的素质，而且一定能够形成对教育教学工作乃至整个教育教学改革工作都有启发价值的成果，成为教育的行家里手，成为有建树的教育专家。

4. 有助于教师提高教学质量，全面实施素质教育

教师科研的目的在于为教育理论与实践服务。教师进行教育科研工作技能训练，就是要在搞好教学的同时，重视教育科研，把教学质量提高的基础放在教育科研上，在科研中发现问题，并分析和解决问题。教师只有不断提高自身的教育科研水平，才能真正提高教学质量，才能引导学生科学地观察和考虑问题，才能使学生以创造性的态度对待科学和所学的知识，才能使自己在学生中获得较高的威信。教师科研素质的形成和提高，在很大程度上是通过参与教育科研实践实现的。

5. 有助于建设具有特色的教育科学体系

教育科研过程是求新真理的过程。马克思认为，任何领域的发展不可能不否定自己以前的存在形式。教育科学的发展，不仅依赖于对旧思想、旧理论的否定或批判，更依赖于提供新观念、新思想。通过大量丰富的教育实践，包括教育经验总结和教育科学实验，使之上升为教育科学理论，进而推动教育科学理论不断向前发展。教育科学体系是融理论与实践，并最终能够更好地指导教育教学工作实践的理论体系。有中国特色的教育科学体系的建立,不仅要靠广大专业理论工作者的积极努力,更需要第一线的中小学教师的积极参与。中小学教育教学实践是教育理论产生的沃土,广大中小学教师参加教育科研对于建设并不断完善我国教育科学体系,具有重大意义。

二、教师进行课题研究的意义

教育研究不只是少数专家的事,也应该是中小学教师的职业范畴。教师的工作永远充满着未知的因素,只有不断研究才能成为一名真正称职的从业者。这不仅是教师专业化发展的必然要求,也是教育发展的时代需要。

(一)课题研究能力是新课程背景下教师的必备素质

随着教育改革的不断深入,人们越来越认识到中小学教师开展课题研究的重要性、必要性和可能性,越来越多的教师感受到研究对自身专业发展的极大促进作用,"教师即研究者"的观念已经被人们广为接受。

事实上,从更广泛的意义上来理解,研究是我们对待未知事物的一种态度。对于教师而言,当他走进教室,他将要教授的知识是他早已熟知的,但是他的学生将怎样理解却是因每个人、每个时刻、每种情境而不相同的。因此,教师的工作永远充满着未知的因素,永远需要研究的态度。教师永远要年复一年地迎来新的学生,并且每个学生的发展都是特定的、具体的,学生每时每刻在每一种情境中都是不相同的,这正是教师研究的所在。从实践上看,近20年来我国群众性教育研究事业的发展和取得的成就,众多中小学教师的教育研究成果和李镇西等一批优秀的研究型教师、校长的出现,都反复证明,教师积极参与教育课题研究,成为"研究者",不仅必要,而且可行。新一轮基础教育课程改革的实践,更使"教师也是研究者"的理念为越来越多的人所接受。

教师成为"研究者",可以沟通教育理论和学校教育实践,使得教师群体从以往单纯"知识传授者"的角色定位提高到具有一定专业性质的学术层级上来,使得教师工作重新获得"生命力和尊严",使其"职业生命"更具意义和光彩。

（二）课题研究有助于教师专业素养的提升

历来有一种看法，认为"学者即良师"，只要有知识、有学问就可以当教师，没有意识到一个合格的教师不仅要有知识和学问，还要有与教师职业相应的品格和技能，要有对教育规律和儿童成长规律的深刻认识和准确把握，要有不断思考和改进教育教学工作的意识和能力。

21世纪的教育不再以技术主义、操作主义、功利主义为主要特征，而是充满爱与平等对话的过程。教师不再是传统的"知识的传递者"，也不再是知识权威的代表。高素质的教师不仅有知识、有学问，而且有专业追求；不仅是高起点的人，而且是终身学习、不断自我更新的人；不仅是学科的专家，而且是教育的专家，具有像医生、律师一样的专业不可替代性。开展教育课题研究，让教师成为教育"研究者"，将是实现教师专业化的重要策略。

随着改革的不断深入和竞争的日益加剧，人们对教育质量的关注程度越来越高，教育质量观也在发生着变化。对中小学校及其教师而言，没有良好的教学质量，就不会有"人民群众满意的教育"。如何不断提高教育质量，显然没有现成的、千篇一律的办法和经验。事实上，绝对的教育质量是没有的。如何根据教育对象、教育要求和教师自身的特点，形成自己的教育教学风格，需要每所学校、每个教师自己去探索和研究。

教育工作充满了复杂性和丰富性，教育教学工作没有最好，只有更好。任何一个教育家的成功经验都是有条件的，都是根据特定的对象、特定的要求、特定的内容和特定的自身条件创造出来的。一个人如果不加区别地模仿，即使模仿得再好，也只能是形似而神不似。有没有对教育本质的自我思考，有没有对教育方法的个人见解，有没有对改进教育教学工作、提高教育教学质量的孜孜追求，并最终形成自己独特的教育教学风格，是区分教书匠与教育家的分水岭。所有这些，都是以强烈的研究意识和自觉的研究活动为基础的。

教师进行教育课题研究有效提高了自身素质，提高了教育教学业务水平，促进了专业成长。对于广大中小学教师而言，开展研究意味着必须不断学习。通过现实的课题研究，他们重新学习教育学、心理学等相关理论，学习有关学科的最新研究成果，学习先进教师的经验，研究解决问题的对策，在实践中验证自己的设想,对实践效果进行科学的分析和处理,得出自己的结论。这一过程,实际上就是一个生动的活的学习过程。通过这一学习过程,教师们的能力提高了,工作效果就会突出地显示出来。

课题研究不仅能促进中小学教师教育观念的转变,活跃学校教育思想,同时也能改善学校管理,提升教师的专业素养,提高教育教学质量和育人水平,使教师职业变得更有意义,更具人生魅力。

第二节　中小学教师科研概述

一、中小学教师科研

中小学教育科学研究是以中小学教育的特点和规律作为研究对象,运用科学的理论和方法,探索中小学教育领域的客观规律的一种特殊的认识和实践活动。它侧重于应用和发展研究,即将先进的教育理念转化为具体的教育实践行为,为学校的改革与发展提供基础与价值预设。同时也不排除中小学教育的理论研究和某些基础理论方面的研究①。

中小学教育科学研究既具有科学研究的重要特征,即复杂性、两难性、开放性、整合性和扩散性,还具有其显著的突出的"个性",即表现明显的特征,这就是教育性、实践性、全员性。

(一)教育性

进行教育科学研究的出发点和归宿是培养、塑造人,促进学生的全面发展。这也就意味着要把教育性贯彻于教育科学研究的全过程和各个环节之中来,要尊重儿童的权利,而不使儿童在研究中感到焦虑和压抑。叶澜教授指出:"中小学教育是面对处在人生最重要的时期,具有奠基意义的'发展中

---

① 王晓芳,黄丽锷.中小学教师如何理解"教师科研":话语、身份与权力[J].教育学报,2015(2):45-55.

的人',是具有世界上最大丰富性和主动性的生命。"因此,进行教育研究不仅要求真,也要求善,以符合儿童身心发展的规律为前提,以不损害儿童的身心健康为根本,以完善对儿童的教育为目的,不容许"证伪",不容许拔苗助长,不容许超越规律,不能为了实验研究而故意设置情景去让儿童犯错误,来寻找所谓的因果关系。一句话,所开展的活动必须具有教育意义。因此,在选择研究方法、设计研究时,都要考虑到是否有利于被研究对象的身心健康,有利于教育这一重要问题。

(二)实践性

根据中小学教育的对象、中小学教师教育教学的实际,目前我国中小学教育科学研究的侧重点还是在应用与开发研究层面上,这意味着实践性是中小学教育科学研究区别于其他教育科学研究的一个显著特点。中小学教育科研只有置身于实践,面向实际,着眼应用,才有生命力。它研究的是现实中急需解决的问题,是为改革、实践服务的。可以说,实践—研究—再实践是中小学教育科研发展的轨迹。从实践中提炼和形成课题,经过研究实验(大多是准实验,难以严格控制无关变量),获得理论成果,再到实践中应用和推广,是多数中小学教育工作者和研究人员从事中小学教育科学研究的一个重要内容。中小学教师进行教育科学研究,应该研究自己工作中真实具体的问题,而不是完成一种"外在"的规定性的任务,应是边研究、边改进,最终促进自己的教育教学工作,这才是中小学教育科研的立足点。

(三)全员性

中小学教育科学研究是一项全员性的工作,其所有的研究也都是在前人认识的基础上进行的,同时对某一个问题的认识需要依赖许多人的努力,通过多次的研究才能够达到。有些问题需要教师采用集体研讨的方式,在广泛听取大家意见的基础上才能加以解决。如研究提高儿童的学习兴趣问题,不仅要考虑到教师的教育教学、教学方法等因素,还要考虑到教师的教育态度、教学水平以及教学内容的难度、家校合作、家长的教育观念等。另外,"研究的问题是产生于实际的工作情境之中的,并且其计划的内容并非在决定之后就一成不变地直到研究完成,而是从实际情境出发,根据实际情境的需要,随时检讨,不断修正"。因此,中小学教育科研是阶段性和连续性的统一,它不像别的研究课题,完成以后没有重复的价值或进一步开发的价值。而中小学教育科研从选题到最后出成果,往往是分阶段一环扣一环地连续进行的。因此,需要多方面人员的相互配合,以群体的优势分工协作,形成一个"实践共同体",共同致力于解决一组问题。通过教师之间的专业切磋、协商和合作,能够使他们共同分享经验,互相学习,将个体的智慧转化为群体的智慧,让群体的智慧成为推动个体智慧的资源,创造一种精诚合作的文化氛围,共同承担责任,完成课题研究的任务。

二、中小学教育科研的类别

对于中小学教育科学研究的分类,从不同的角度思考,可以有不同的分类方法。

(一)按研究目的划分

根据研究目的不同,中小学教育科研分为基础研究和应用研究。

基础研究是以认识教育现象、教育问题作为基本的研究目的,其研究成果往往是带有普遍性的原理、定论,主要目的在于探索和创新知识、寻找新的事实、扩展和完善理论。它回答的是"是什么"的问题。例如对对话教学的内涵与意义的探讨,试论学生心理因素对学业成绩的影响等。

应用研究是从一般原理、原则出发,指向特定的具体问题的研究。它将理论研究成果应用于解决教育实际问题,目的是提供事实材料支持和完善理论,或促进新理论的产生。例如探讨开展对话性阅读教学的有效途径,学生厌学成因分析与应对措施,解决学生粗心的有效途径与方法,中小学生德育途径的研究等。也就是说,应用性研究更关心效果,关注的是"这种教育结果或方法比另一种更好吗",回答的是"做什么"的问题。

对于中小学教师开展的研究来说,大都是偏向于应用研究,目的是解决教育中迫切需要解决的问题,以科研促进教育教学,提高自身工作的质量。

(二)按研究方法划分

根据研究方法不同,中小学教育科研分为定性研究与定量研究。

定性研究是从人文学科中推衍出来的,主要是运用哲学、逻辑学的思辨的方法如归纳、演绎、分析、综合、抽象、概括等对教育问题进行分析,它注重的是整体的和定性的信息,关心的是整个过程,具有描述性的特点。

定量研究主要是运用数学的方法、统计的方法、测量的方法等实证的方法进行的研究,对研究的严密性、客观性、价值中立都提出了严格的要求,以求得到客观事实。定量研究主要是模仿自然科学,目的是确定因果关系,并做出解释。

(三)按研究问题的内容和性质划分

根据研究问题的内容和性质不同,中小学教育科研分为教育事实研究和教育价值研究。

教育事实研究是对以教育中的客观事实问题为研究对象的一类研究的总称,这类研究强调研究的客观性,排除研究者主观倾向性对研究结论的影响,其结论具有主体间的一致性,主要涉及"是什么"的问题。

教育价值研究是以教育中的价值问题为研究对象的一类研究的总称,这类研究重视的是教育现象中的价值问题,研究的结论很大程度上取决于研究主体的人生观、价值观和教育观,主要涉及"应该是什么"的问题。

当然,必须指出的是,各种类型并非各自独立,而是相互交流、相互会通。比如定性研究为定量研究提供框架,定量研究又为进一步的定性研究提供条件。又如,一个问题的研究,它可能属于基础研究,但同时又有应用研究的成分;可能既要进行定性描述,同时又要进行定量分析,这就需要我们用一种全面的、联系的眼光来分析问题。

三、中小学教育科研的重要意义

开展中小学教育科学研究具有重要的理论意义和实践意义,主要表现在以下几个方面:

(一)教师参与教育科学研究有着教育理论工作者不可比拟的自身优势

当前,许多中小学教师都认识到教育科研的重要性,于是他们向往教育科研,崇尚教育创新,佩服从事教育科研创新的先行者;但同时,却又认为教育科研高不可攀,神秘莫测,往往在科研创新的大门口徘徊。也有许多教师将教育实践研究看作是教育理论工作者的事情,认为自己即使搞研究也仅仅是将一些教育理论运用于实践并加以检验而已。实际上,任何一个教育规律的发现或教育理论的建构都不是凭空产生的,它都是来源于实践。如果教育科学研究离开了教育实践,那么这研究就会成为无源之水、无本之木。而广大的中小学教师,他们正是工作在教学的第一线,可以说拥有最佳的研究位置和丰富的研究机会,他们能够从教学实际中获得第一手资料,这些资料可以看作是形成和检验更为基础的教育理论所需要的材料。中小学教师从事的科学研究方向主要不是基础理论研究,而是应用性、开发性的研究。他们有能力对自己的教育行动进行深刻反思、总结和改进,有能力提出改革方案和进行教学试验,有能力把教育教学中的感性经验上升为理性认识,他们不只是别人的教育研究成果的应用者,更是教育成果的研究者和创造者。特别是儿童年龄越小,教师的素质对他们将来的发展影响也就越大,也越有东西值得研究。因此,真正的教育科研绝不仅仅是教育理论工作者的事情,而是理论工作者与实践工作者共同的任务。那么对于中小学教师从事研究而言,就需要教师具有善于对信息进行收集、分辨筛选的能力,形成教育经验与教育思想的能力,具有质疑和吸纳的意识与行为,用批判性思维、探究性思维、创造性思维去捕捉教育改革和发展中的成果,通过观察、分析、反思、总结、提炼,提高发现问题、解决问题的能力,从而不断提高学术水平。同时,教师只有参与研究,才会使自己从日常繁杂的教学工作中脱身出来,在劳动中获得理性的升华和情感上的愉悦,提升自己的精神境界和思维品质。

(二)推动新课程改革的顺利开展

"教育科学是教育的第一生产力,是伴随着知识经济到来的教育基本观念。在人类的社会生产领域,有一个从经验劳动向科学劳动转换的历程,物质的增长方式也从最初依赖延长劳动时间、提高劳动强度转变为依靠科学技术的进步。沿着这一思维路向,教育要获得长足发展,其第一推动力显然属教育科学,而不能依赖加重师生负担来发展教育。只有教育科学真正成为教育的第一生产力,教育的时代性、先进性才能得以维系。"教育科学研究是教育改革的动力和保障。作为工作在最普遍的教育实践层面上的教师而言,参与到教育教学活动中去,将能够使自己的态度、知识、人格、意志、情感成为影响推动新课程改革顺利进行的系统因素,直接影响到教育科学内化的程度和教育效果的状况。特别是在当前的新课程改革背景下,教师不能只成为课程实施中的执行者,同时还要成为课程的建设者、开发者和研究者,体现出教师在教育中的主体地位,这些都离不开教育科学研究的进行。同时在目前的教育发展的过程中,出现了许多热点问题,都需要我们进行深入的研究,以促进教育的改革和发展。如有位教师通过观察当前新课程实施中存在的问题,写了一篇《新课程实施中的几个不等式》的文章,提出在新课程实施中有几个不等式,即自主学习 ≠ 自己学习,表面热闹 ≠ 思维活跃,现代化教学手段 ≠ 现代化教学思想,教学创新 ≠ 教学标新。可以看出,改革既为教师从事研究提供了重要的现实基础,也使教师研究、探讨新形势下的教学问题显得尤为重要,成为许多教师从事研究的动因。为此,它要求教师自己由"教书匠"转变为"研究者",这也是创造性实施新课程的重要保证。正如有的学者所说的:"教育科研是学校发展的助推器,是学校改革的发动机。"教育科学研究对于新课程改革具有不可低估的作用。

(三)有利于提高中小学教育教学质量

教学是教育的主要组成部分,提高教学质量是教育的永恒主题,是教师义不容辞的责任。中小学教育实践性强,"实践的开拓需要理论的开拓",中小学教师从事的研究与教学不但不是毫不相关,而且还存在着"共生互补"的关系。科研是提高教学质量的推进器,以科研促进教学是提高教育质量的重要途径,同时也能够使教育教学实践经验得到理性的升华,有利于探索教学规律,获得科研成果,并把这种成果运用到教学中去,促进教学水平的提高。

教育科研是生发教师教学智慧的源泉,是提高学校教育教学质量的"第一生产力",是学校改革和发展的第一推动力。近20年来,人们日益认识到"科研兴校""科研兴教"的重要性,也逐渐树立起了"向教育科研要质量"的新观念和目标,这其中一个很重要的原因是:中小学教师进行科学研究有其自身的特殊性,它不是脱离教师的教学而是为解决教学中的问题而进行的研究,不是在书斋里进行而是在教学的活动中进行的研究,这种研究的对象和内容就是行动本身。中小学教育科研是以课题为核心而展开研究的,具有理性化、系统化等特点,这就决定了中小学教师从事的教育科学研究活动比之一般的教育研究活动更有利于教师的教育教学能力迅速地提高。因此,这种研究是教师持续进步的基础,是提高教学水平的关键,有利于更好地贯彻教育方针,切实提高教育教学质量。

(四)中小学教育科学研究是教师专业化发展的必备条件

苏霍姆林斯基说过:"如果想让教师的劳动能够给教师带来乐趣,使天天上课不至于变成一种单调乏味的义务,那就应当引导每一位教师走上从事研究的这条幸福的道路上来。"进行科学研究是进行教师专业化发展的必然,是推动教师专业化发展的有力保证。因为教师专业化要求除了理解本学科的知识及其结构,掌握必要的教学技能外,教师还必须拥有一种"扩展专业的特性",即有能力通过较系统的自我研究,通过研究别的教师和通过教学研究中对有关理论的检验,实现专业上的自我发展。教师的这些专业特性的形成和发展,可能来自不同的渠道,而其中最有力而可靠的,是教师自己的教学研究。科研能力是现代教师的必备素质。如今教师这一概念绝不能被平庸填塞,而应与高尚、创造、探究为伍。对于中小学教师来说,通过系统的研究方法的指导,能够有效地避免盲目探索,少走弯路,早出成果,促进发展。叶澜教授曾激情满怀地说:"能唤起教师职业内在尊严和欢乐的是两个大写的字,那就是'创造'!"中小学教师参加教育科研就是一个创造的过程,在工作中加以研究,在研究状态下工作是增强教师职业工作创造性的有效途径。中小学教师从事的教育科研是一种创造性的精神活动,将研究贯穿于教师日常的工作之中,用研究的眼光来看待教育工作,就会使平常的平淡的工作化为神奇,在大大提升教师职业价值的同时能够增强自身的专业化水平。反之,如果教师没有对教育本质的思考,没有自己的见解,那么最终将不能形成自己独特的教育、教学风格,也就不能成为专家型的中小学教师。

第三节　中小学教师科研的主要内容

中小学教育科学研究的基本任务是:研究和解决我国教育事业与改革过程中提出的重大理论问题和现实问题,认识和掌握中小学教育教学的客观规律,更好地指导我们的教育教学实践,促进新课程改革的顺利进行,提高教育质量。具体来说,包括以下三个方面。①

一、总结中小学教育的历史经验

中外教育历史上的一些宝贵的教育遗产,都有待我们去发掘,批判地加以继承吸收,取其精华,去其糟粕,择其善而从之,为进一步开展教育改革打下基础,从而为我国的教育现代化服务。教育史上的孔子、孟子、董仲舒、朱熹等许多教育家都对教育进行了研究探索,提出了不少颇有见地的教育思想,值得我们进一步探讨其对当前教育的启发与指导意义。写于战国至汉初之间的《学记》,虽然精炼至仅有 1229 字,却是世界上最早的教育专著。今天的中小学教育研究,也出现了斐然的成绩。特级教师、杭州市胜利小学的程玲老师根据低年级识字教学要符合学生的心理特点,概括出进行识字教学的四条基本经验,即教给识字工具,利用学生的无意注意,重视形象思维,利用知识的迁移。特级教师、江苏省南通师范学校第二附属小学的李吉林老师对原本是外国语教学方法之一的"情境法"进行了新的探索,逐步形成了她自己的小学语文教学的"情境教学法"理论体系,其核心是激起学生的情绪。通过生活显示情境、实物演示情境、音乐渲染情境、扮演体会情境等,把学生带入一定的情境中,使他们产生一定的内心体验和情绪,从而加强对教材的理解和体验,产生表达的欲望,同时也使学生受到性情陶冶。"青浦实验"的开创者顾泠沅老师创造的经验筛选法,其步骤是:分析总结优

---

①　王晓芳,黄学军.中小学教师科研活动与教师专业性的提升——基于工具性、认识论和批判性的视角[J].基础教育,2015,12(3):105-112.

秀的教学经验,制订筛选计划;在授课中实施这些经验;请有经验的教师亲临现场教学,然后对执教情况进行评价;根据评价对原有经验进行淘汰、优化,发展处理;再计划、再实施、再评价,多次反复,直到筛选出有效经验。面对这些研究成果,需要我们用科学的态度去分析、概括,找出带有规律性的东西,总结、借鉴他们的先进经验,从而为今天的中小学教育实践服务,这是中小学教育科学研究的任务之一。

二、研究当前的教育问题

教育科学研究是人们采取系统、恰当的科学方法去解决教育问题的理性活动,其最终目的是改善教育教学质量。而教育问题具有永恒性的特点,与中小学的教育活动相伴随,与每个特定的教育者相伴随。教育问题又具有复杂性的特点,中小学教师面临的教育问题也是多种多样的,像教育模式、教育原则、教育方法等,因此,需要我们中小学教师认真思考"应该是什么""应该怎样做"等事实和技术的问题,最终来缩小实际事态与期望事态之间的差距与矛盾。当然,研究当前的教育问题的方法也是很多的,像通过调查研究、开展实验研究等,对这些亟待解决的教育问题深入地进行了理论探讨和教改实验。只有把教育的基本理论与解决现实问题研究紧密结合起来,教育科学研究才能更好地为建设具有中国特色的社会主义教育体系贡献力量。这里举个简单的例子,针对当前不少评语中出现的对学生的主要不足和缺点有意掩饰,而对优点和成绩极端赏识,加以夸大等现象,有位教师写了《激励性评语应慎重》的文章,指出赏识应以实事求是、是非分明为原则,因人、因事、因时给予恰如其分的赏识,对学生的激励不应只有赏识表扬,还应有针对性地采用灵活的激励方法等,这些见解具有非常强的借鉴意义,对我们的教育教学有较强的指导意义。

三、参加新课程的改革和学科教学研究

当前,国家颁布的《基础教育课程改革纲要(试行)》代表着先进的教育

理念,其全新的内涵显示出勃勃生机。它以培养德、智、体、美全面发展的一代新人为根本宗旨,以培养学生的创新精神和实践能力为重点,将学生的价值实现提高到了一个重要的位置上,既关注了学生目前的现实生活,又关注了学生未来的发展,体现了"终身教育""以学生为本"的科学的现代教育理念。而教师是新课程改革的实践者,新课程中渗透的新的教育思想、教育理念和教育方法,都需要教师通过不断反思、不断改进、不断实验,通过自己新的教学活动来实现,特别是综合实践活动课程、研究性学习课程与校本课程的开发对教师提出了前所未有的要求。正如《学会生存》一书中所阐述的那样:"教师的职责现在已经越来越少地传授知识,而是越来越多地激励思考……他将越来越成为一位顾问,一位交换意见的参加者,一位帮助学生发现矛盾论点而不是拿出现成的真理的人。他必须拿出更多的时间和精力去从事那些有效果的和有创造性的活动;互相影响、讨论、激励、了解、鼓舞。"中小学教师是专业从业人员,一般都要承担一到几门学科的教学,如何体现中小学各学科间的相互渗透和交叉融合、如何体现教育与生活有机联系的特点、如何在各学科中进行发展性的评价等问题,都是很好的研究素材,都值得我们进一步去探究、去思索。例如有一位教师在《新课程教学下课堂教学的理性反思》中,对教育理念与课堂实践的融合过程中所暴露出来的一些与真实相悖的形式化弊端进行了深刻的反思,他认为:①"训练"不应成为教学遗忘的角落;②"情境"不应成为教学亮丽的包装;③"生成"不应成为教学实施的障碍;④"诚信"不应成为教学评价的缺失。可以看出,这位教师的观察与思考具有较强的现实指导意义。①

---

① 段旭,李天鹰.中小学教师科研论文写作中存在的问题及提升策略[J].长春教育学院学报,2015(21):48-49.

第四节 中小学教师科研的注意事项

一、教育科研技能的形成阶段

教育科研技能在类别上主要是一种心智活动技能,同时兼有一定的动作技能的特点。其形成有五个阶段:

(一)活动的定向阶段

这一阶段表现为预先熟悉教育科研的任务,以形成关于活动本身和活动结果的表象,为活动本身和结果定向。

(二)物质活动和物质化活动阶段

这一阶段表现为教育科研活动借助实物、想象和图表等来进行。

(三)有声语言阶段

这一阶段表现为科研活动的内心智力不直接依赖实物而借助有声语言来进行。

(四)无声的外部言语阶段

这一阶段表现为科研活动的内心智力活动以词的声音表象、动觉表象为支柱而进行。

(五)内部言语阶段

这一阶段表现为在科研活动过程中,心智活动已简化、自动化,有不假思索的特征。

二、教育科研技能形成的标志

从科研活动结构的改变来看,教育科研技能形成的标志表现为:心智活动的各个环节逐渐形成一个整体,内部言语趋于概括化和简约化,在解决课题时,由开展性的推理转化为"缩短推理"。

从教育科研的速度和品质来看,教育科研技能形成的标志表现为:思维的敏捷性与灵活性,思维的广度、深度与独立性逐步提高。

从教育科研活动的调节来看,教育科研技能形成的标志表现为:心智活动趋于熟练化,神经活动的消耗逐渐减少,内部言语过程的进行较少需要意志努力。

教师教育科研技能(或素养)具有潜在性和积淀性,它是以内隐的形态存在于人的潜能之中,有知识积累、不断内化、逐渐发展的过程。教师进行教育科研时,这种内在的潜能就被激发出来,转化为现实的能量和外显的行为。

三、掌握教育科研技能的基本问题

传统教育观认为教师的职责就是"传道、授业、解惑",因此,以传授知识为主的传统教育模式造就了许多传授型教师。为深化教育改革、全面实施素质教育,培养学生的创新精神和实践能力,社会对教师的素质提出了新要求。教师必须是科研型教师,必须具备高水平的教育科研能力,否则无法适应这一新要求。教师进行科研技能训练要从以下三个方面下功夫:

(一)要树立和增强从事教育科研的意识和自觉性

教育科研并不神秘,不要认为沿袭传统的教育模式,年复一年,日复一日,靠苦干、加班、超负荷地工作就是好教师。作为教师必须转变观念,树立从事教育科研是每一位教师分内工作的全新意识。有人很有见地地说,仅会教课而不会教育科研的教师不是新时期的合格教师。

(二)要注重学习,勇于实践

教育理论是指导教学活动的强有力的武器,也是提高研究能力的首要条件。掌握一定的理论,有利于在理论指导下有目的地探索教育教学规律。因此,开展教育科研,教师应加强学习,尽可能多地掌握教育科研的技能与技巧,还要认真学习优秀教师的先进经验。

(三) 要努力掌握从事教育科研的基本方法

首先,提出问题并确立课题。科研课题的来源应该主要是本校或本地区教育实践中急需解决的问题。教育科研不排除抽象的纯理论研究,但对于教师来说,应侧重于与现实生活密切相关的、有实用价值的课题,这样既可扬其实践经验丰富之长,避其理论功底不足之短,又可以使研究直接服务于教学需要。教师的科研课题应该主要涉及创新教育观念、创新教育模式、创新与各科教学、现代教育技术的运用、学生心理健康的指导、班主任工作等。

其次,进行课题论证,查阅文献资料。一是要了解前人或他人在这一领域的研究现状;二是获得更多的教育理论知识,在查阅文献的基础上进行课题论证。课题论证是有组织地、系统地鉴别研究的价值,分析研究的条件,完善研究方案的评价活动。

最后,具体实施,即严格按照方案进行。整理分析研究资料,归纳结果,写出报告或论文,把研究的全过程以及取得的成果用文字完整地表达出来。

同时,学校领导要创设教育科研的氛围。鼓励教师开展科研活动,为他们从事教改、教育科研提供宽松的环境和保障;采取有效措施,积极开展丰富多彩的教育科研活动等。具体做法:努力培养教师科研能力,介绍科研方法和教育科研信息,传播先进的教育理论,组织教师外出学习和参观各种学术讨论会(走出去),定期或不定期地请专家搞讲座(请进来),使学校的学术研究有声有色、持之以恒。另外,对于教师的教育科研成果要以制度化的形式给予精神上的表彰和物质上的奖励,对于高质量的教育科研成果,要向有关部门申报奖励。要把教师的教育科研成果与职务评聘、评优、晋升联系起来,以鼓励教师尝到科研成功的喜悦,进而调动其从事科研的积极性、主动性和创造性。

第二章

中小学教师科研选题

第一节　科研选题

一、选题概述

(一)选题概念

选题指的是选择所要研究的课题。选题是教育科研的第一步,也是至关重要的一步。每一项科学研究都是从发现问题、提出问题开始的,教育科学研究也是如此。英国科学家 J. D. 贝尔纳指出:"课题的形成和选择,无论作为外部的经济技术要求,或是作为科学本身的要求,都是研究工作中最复杂的一个阶段。一般来说,提出课题比解决课题更困难……所以评价和选择课题,便成了研究战略的起点。"两次荣获诺贝尔奖的巴丁博士指出:"决定一个研究能否取得成功,很重要的一点就是看它的选题是否正确。"课题选择准确与否,直接关系到教育科研的成败。选得好,就会事半功倍;选得不好,就会事倍功半,甚至劳而无获。因此有人说,选好了课题,就等于成功了一半。①

---

① 于立平.为教师自主成长奠基——青岛市中小学教师科研工作站思考与实践[J].当代教育科学,2015(10):30-33.

（二）选题类型

由于分类的角度不同,研究课题的类别也有所不同。例如从人的认识过程划分,可分为基础性研究课题、应用性研究课题;从研究范围划分,可分为宏观研究课题,中观研究课题、微观研究课题;从时间跨度划分,可分为远期研究课题、中期研究课题、短期研究课题等。这里着重谈谈基础性研究课题和应用性研究课题。

1. 基础性研究课题

基础性研究课题又称为理论性课题。主要包括以研究教育现象和过程的基本规律,揭示中小学生身心发展及影响因素间的本质联系,探索中小学教育的新领域等为基本任务的课题。这类课题探索性强,自由度较大,不确定因素较多,通过对教育现象和事实进行实验性和理论性的研究,有利于提出新的或系统的规律性的认识。这种认识具有一般的或普遍性的意义。

根据课题对理论不同程度的突破与发展,可以把基础性研究课题分为三级。

（1）一级课题

一级课题是对构成教育科学理论体系具有全局性影响的核心概念、基本范畴和基本原理等做突破性研究的课题。像国内教育界普遍关注的我国中小学教育培养目标体系的研究、现代教育功能的研究、新课堂教学活动观、教育主体性的研究等,都属此类。此类课题研究的难度较大,涉及全局,又具有开创性的特点,因此它要求研究者具有较高的起点,宽阔的视野和较强的批判思维能力。

（2）二级课题

二级课题是对中小学教育科学某一领域中已形成的概念、原则做进一步探讨的课题。它的目标不是对理论的根本性突破,而是补充性的发展;它不涉及全体,而是局部予以改善和修正。例如优化中小学课堂教学策略的研究,中小学生思想品德教育模式构建的研究,等等。此类课题要求研究者对该领域的基础理论有透彻的认识,通过研究达到补充、完善理论的目的。

（3）三级课题

三级课题是对教育理论中个别原理、概念做出修正或更详细说明的研究课题。如对中小学语文教育中的发展性评价特征的研究、中小学课堂教学中启发式教学的基本原则的研究,中小学英语课堂教学提问艺术的研究等。这类课题涉及的范围较小,研究的难度相对低一些,有利于提高教学质量。

2. 应用性研究课题

应用性研究课题主要是运用基础理论的研究成果,探索和开辟应用途径的研究课题。这类课题着重研究如何把教育科学理论同实际教育工作结合起来,达到改造或直接改变教育现象与过程的目的。它与基础性研究课题的等级相对应,我们也可以把应用性研究课题分为三级。

(1)一级课题

一级课题探讨的是涉及中小学教育实际的某些全局性问题,能提出前人未提出解决问题的方法,并能在较大范围内推广。如中小学数学新课程背景下主体性教学实验研究、中小学生品德评价方法改革的研究、中小学毕业生就近升入初级中学的研究,等等。

(2)二级课题

二级课题研究的是中小学教育领域中某一方面,或某一部门、地区内提出的实际问题的研究,目的是寻求在一定条件下解决某些实际问题的科学有效的方法,不涉及基本原理、原则及一般方法的本身的研究,而只涉及其具体应用。如中小学教师实行"零教案"的研究;从生活入手提高中小学作文兴趣的实验研究;新型师生关系的特点及实施策略的研究,等等。

(3)三级课题

三级课题的研究与个别实际问题的解决密切相关。大多局限在与该课题研究条件接近的范围内,提出解决问题的方法,也较多地局限在一些操作性问题上,研究成果使用推广的范围较小。如总结某一位教师的特色教学经验,为某课程设计一系列教案,某类学生的个案研究,等等。

中小学教师一般选择应用性研究的课题。正如理论与实践经验不可分开一样,上述基础性研究课题、应用性研究课题之间的区别只是相对的,我们很难把它们截然分开。

（三）选题的意义

1.选题能够反映出研究的价值

课题是教育实践和教育认识进一步发展中必须解决的问题，是已知领域和未知领域的联结点。它反映出现有实践和认识的广度和深度，又反映出向未知领域探索和前进的广度和深度。爱因斯坦说过，提出一个问题比解决一个问题更重要。他认为解决问题也许仅是一个数学上或实验上的技能而已。而提出新的问题，却需要有创造性的想象力，而且标志着科学的真正进步。如果一个问题别人已经研究过，并有了公认的结论，那么这个问题就不能成为课题，除非你想推翻结论。教育科研的目的是要解决教育中面临的各种问题。这些问题由于其对教育的影响不同，在教育活动中所处的地位和作用不同，因而其价值体现也就不同。例如，当前的中小学教育正处在新课程改革的过程中，这是一种从教育观念、教育思想到教育模式的全新的转变，怎样将新课程的先进的教育理念运用到实践中去，就具有十分重要的实践价值。

2.选题为整个研究确立了明确的目标

从最直接的意义上说，选题是一项具体的科学研究活动开始的标志，它为整个活动确立了明确的目标。科学研究是一项目的性极强的活动，漫无目的地研究是不会有什么结果的。从提出问题到解决问题，这是一个合乎逻辑的过程。有了问题，才能谈得上对问题的解决，对问题认识得越清楚，才会越容易解决问题。例如"合作学习中学生不良心理及矫正方法"这一课题确定后，就意味着研究的目标有两方面：一是"火眼金睛——合作学习中的不良心理透视"，二是"对症下药——合作学习中不良心理矫正"。通过观察，教师发现存在的不良心理是"盲从、自我中心、不合群、羞怯"，在此基础上，确定了矫正不良心理的方法，即"观念先行、行为引导、引导调控"。

3.选题决定了科研的主攻方向和具体内容

所谓研究方向，就是研究者在教育科学领域中经过长期的研究与实践所认定的必须着手解决的某些方面的问题，并在这些方面开创自己的研究领域，形成稳定、明确的主攻目标和研究线索。课题还影响着整个研究过程的方向。包括课题中研究对象的选择、研究范畴的确定、研究主题的界定、研究成果的鉴定等内容,都要围绕着整个课题来展开。比如农村中小学教师存在职业倦怠现象的原因及对策研究,其研究的对象是中小学教师,研究的范围限于农村,分析的问题是产生职业倦怠现象的原因,目的是提出解决问题的对策。显然,课题明确,整个研究活动的方向与研究的内容就明确。但是当前在研究中存在的问题是,偏重理论的思辨性研究,对大量的教育实际问题不够关心;而注重应用性研究的中小学教师,又往往缺乏理论的指导,缺乏科学的指导依据,而影响了研究的质量。

4.选题决定了科研的途径以及具体的研究方法

选题是教育科学研究的起点,一旦确定,将对整个研究工作的进行起着制约作用。可以说,选题启动着整个教育研究的机制,制约着教育研究的进程和方式。在教育科研过程中,不同的研究课题意味着研究方法、研究工具等不尽相同,资材的收集和利用也存在差异。例如"现阶段中小学生课外阅读状况的分析研究"与"中小学生课外阅读指导的研究",两个课题都需了解学生的课外阅读情况,但前者应侧重于阅读内容的分析,多采用调查、观察等方法,后者侧重于阅读方法的研究,多采用行动研究、实验等方法。可以看出,这是两个不同的研究课题,同时也影响着研究方法的运用。

二、标题的选择与特征

(一)标题的类型

俗话说,"题目是文章的眼睛",通过题目可以窥视整个研究。因此,一个规范的问题陈述对研究是至关重要的。中小学教育科研的研究论文题目主要有两种:

1.揭示论点的标题

揭示论点的标题即把论点概括出来拟定标题。例如"教师,应把美的语言带入课堂""挫折教育:成长中必上的一课""公开课应拒绝'完美'""良性的学校文化需要一条'鲶鱼'""谨防教育中的'超限效应'"等。

2. 揭示论题的标题

揭示论题的标题即不是揭示论点而是揭示研究的是什么问题的标题。例如"浅谈在中小学语文教学中培养学生的创新意识""多元智能理论指导下的中小学数学教学""浅谈新课程背景下的学生评价观""提高作文效率途径之思考"等。

在教育科学研究中,需要根据情况来选择标题的类型。

(二) 好标题的特征

1. 新颖

新颖包含两层意思。一是指抓住最新出现的问题,即要有动向水平。如具有开创性的题目就很新颖。二是指在原有的问题之外,提出新的问题,提出一个新的研究思路。如《不成功的公开课也是教学资源》这篇论文,主要是针对一些教师听了出现一些失误的公开课后就觉得上得还不如自己好,认为根本没有学到什么,白白浪费了半天时间的现象,提出:不妨反思"闪光点",学会"借鉴吸收";不妨反思"失误之处",学会"引以为戒";不妨反思"平常之举",学会"超越突破"。这篇论文的题目就直接揭示出论点的内容,提出了作者独到的思想,让人看后受益匪浅。

2. 宜小

论文题目一般不宜过大,即切口要小。题目过大,容易写得空泛,初写论文时更是如此。如"浅谈中小学生的语文教学""3~6岁儿童的教养问题""儿童社会性的发展""如何实施素质教育""我国当前语文教育存在的问题及对策"等,题目显然太大。而"浅谈学生问题意识的培养""我们需要什么样的问题情境""引领——教师不可丢弃的权杖""低年级学生数感培养初探"这样的题目,贴近教师,与具体教学实践关联密切,易于操作研究,操作性比较强。

3. 准确

论文的题目和内容要名实相符,也就是说,题目要能准确地反映论文所研究的内容。如《班主任工作中的不等式》这篇论文,通过论文的题目可以看到,研究的对象是班主任,研究的内容是工作中的几个不等式,具体包括严格要求≠体罚学生、严肃认真≠死板教条、发挥班干部的作用≠撒手不管、发挥优点≠回避缺点、做学生的知心朋友≠与学生称兄道弟这些内容。这样论文的内容与题目就比较相符。

4. 简短

题目要简短明白，使人看了一目了然，马上能明白作者想要论述的问题。如题目"讲授法、讨论法、自学法在中小学语文教学中的效果的比较实验"，就显得太长。题目"教师应树立六种意识：终身学习意识、创新意识、情感意识、人格魅力意识、责任意识、合作意识"，也显得过于啰唆。

5. 醒目

题目要醒目鲜明，能一目了然，引起读者的注意。如"怀疑，学生不可缺失的精神""让新课导入收到较好的效果"，能够让人一看到题目，就很清楚所要讲述的主要内容是什么。

论文标题是文章的总题目，透过它可以看到全文的精髓。标题可以在文章写作之前拟出，也可以在文章写成之后确定，给文章拟一个恰当的标题是颇需斟酌的。一位教师曾经执教过一节"循环小数"课，学生在自主探究循环节的表示方法上有非常出色的表现。起初他给这篇案例反思文章起的题目是"教师领着终觉浅，自主探得为真知"，感觉很有新意，但似乎太"玄"了；第二次改为"'循环小数'教学案例及反思"，倒是朴实了一些，但又太过直白；第三次改成了"在主动探究上下工夫，值！"，直接点出文章主题，还有一定的感情色彩，但似乎又有些俗了；最终题目确定为"让学生踏上'再创造'之旅"，文章发表在了《中国教师报》上。最终确定的这个题目既体现了文本的新意，又展现了认识的深度，并带有一定的动感，是这位教师最满意的一个版本。

三、课题表述的注意事项

（一）课题的表述内容要完整具体

研究课题的表述要完整，同时最好能够包括研究课题的主要内容、对象与方法。一般来说，在中小学的教育实践中，教师会遇到一些问题，这是形成科研课题的基础。但是问题不等于课题。只有当我们确定问题的研究方向、范围,明确研究的目的和要求,将研究的问题具体化时,其问题才能成为研究课题。例如"淄博市中小学教师职业倦怠的调查研究"这一题目中,包括了研究课题的主要内容是调查中小学教师的职业倦怠现状,研究对象是淄博市的中小学教师,研究方法是调查法,这样的表述就非常具体明确。

(二)课题的表述用词要严谨科学

研究题目的表述用词要严谨,注意体现科学性的特点,不能模棱两可,含糊其词。像"创造性思维"与"创新性思维"两个概念,需要仔细考虑,不能随意使用。如某项研究只是想对某中小学一年级部分学生做一次有关兴趣爱好方面的调查,研究者在研究课题中却表述为"当代中小学生兴趣爱好调查",这显然是夸大了研究对象的总体。这个课题较确切的表述应该是"××中小学一年级学生兴趣爱好调查"。这种将"大帽子"戴在"小脑袋"上的课题表述法,值得我们注意。

最后提一下,有人建议在选题时应注意"八宜八不宜"。即课题宜小不宜大;课题宜重不宜轻;课题宜准不宜偏;立意宜深不宜浅;角度宜宽不宜窄;中心宜集不宜散;领域宜熟不宜生;见地宜新不宜旧。这的确是经验之谈,可以说是对我们选题时应注意问题的一个概括。

第二节　选择课题的基本策略

选择研究课题时,我们一方面要注意排除思维定势的障碍,从新的角度去思考问题;同时也要消除从众心理的影响,从人云亦云中摆脱出来;此外还要破除对权威的迷信,敢于对他们的论断提出质疑。因此,在教育科研中,有以下几种常见的策略。[1]

---

① 耿丹青.深化中小学教师职称制度改革提升基础教育教师科研能力——以广东省为例[J].课程教学研究,2017(8):22-27.

一、分析的策略

分析着重于对教育现象各个方面的性质的认识,是综合的基础。教育科学研究是一个综合程度较高的整体,需要对各个要素予以描述和剖析,把握各种子课题的特点和运行规律。研究者需要把自己对各方面的认识在思维中重新结合为一个整体,在对教育现象整体性认识的基础上提出课题。同时,通过对中小学教育现状的分析,将能够发现或揭露教育中存在的问题,从而选择适当的研究课题。对于所分析的教育现状来说,可以是综合性、宏观性的,也可以是典型性的,还可以是微观性的。因此,需要研究者具有敏锐、深刻的思维品质,从而及时捕捉到有价值的现象,发现深藏在现象后面的本质。如,有位教师针对中小学生计算容易出错的状况,分析出错的原因:视觉迁移引起的感知错误;强信息产生的思维干扰;知识技能缺陷引起的失误;不良学习心态的影响;思维定势带来的消极影响。在此基础上,提出了矫正的策略有:加强口算训练,切实打好基础;设计针对性的练习,排除干扰因素;牢固掌握基础知识,并能正确灵活运用;发展学生思维,提高计算效率;注意培养学生良好的学习习惯。于是该教师撰写了一篇《中小学生计算出错的原因与矫正策略》的文章。

二、归纳的策略

一般来说,广大教育工作者在中小学教育教学实践中积累了丰富的经验,把这些经验总结出来,上升到理论的高度,就可以归纳出一系列的研究课题。归纳策略需要以科学理论的分析作为指导,来探索事物之间的内在联系与现象之间的因果联系。像有位教师通过实践,总结出"班主任需要不断加强各方面的知识与技能的学习,在管理方法上要变经验型的管理为科学型的管理,要扩大自身非权力因素的影响,除去自身的不客观的、片面的判断"等经验,于是这位教师将其归纳,撰写了《班主任的"加减乘除"》一文。有位教师针对成功课堂中的一些现象,撰写了《成功的课堂总是相似的》一文,归纳出成功课堂的特点是:成功的课堂总是自主课堂;成功的课堂总是活动课堂;成功的课堂总是情感课堂;成功的课堂力求贴近生活;成功的课堂总是趣味课堂;成功的课堂总是艺术课堂。

三、怀疑的策略

怀疑是对已有结论、常规习惯、行为方式等的合理性做否定的或部分否定的判断,它可以引起人们对事物的重新审度,能够从原以为没有问题的地方发现问题。运用怀疑策略的先决条件是研究者要有批判性思维,"尽信书不如无书",要勇于破除迷信,解放思想。如美国有位叫赖斯的研究者,早在1892年就研究了美国中小学生花在拼写上的平均时间和他们拼写水平的资料,根据研究结果,他写了《无益的拼写练习》一书,指出过多的重复练习是无意的。一位教师就当前新课程中出现的问题加以阐述,并就其反映出的一些现象产生怀疑,撰写了文章《当前课程改革背景下课堂教学的问题与反思》,并指出问题之一:游离于教学内容之外的"包装"——这样的情境创设为哪般? 问题之二:"桌子拼拼拼"——合作学习的实质是这样的吗? 问题之三:"以学生发展为本"——自主学习就得一切迁就学生吗? 问题之四:刻意"孤立"文本——用教材教就不要求品位教材吗? 问题之五:随意探究"泛滥化"——接受式学习真的过时了吗? 问题之六:落实"三维目标"——意味着要淡化"双基"教学吗?

这里需要强调的一点是,通过怀疑提出的课题,经过研究可能被证实或被否定。当然,怀疑并不是随心所欲地乱猜疑,而是要有依据。一般来说,怀疑的依据一是事实与经验,二是逻辑推理。当研究者所具有的事实与经验,与现有理论结论或常规不一致时,研究者就会对现有理论的正确性产生怀疑。逻辑推理是检验理论合理性的有效工具。对理论的推敲应从最基本的概念做起,即使对一度流行的概念也应仔细思考。此外,研究者还可以通过对有关资料的分析,比较不同观点,诘问前人的结论,揭露理论与实践的差异等,从中产生研究课题。一般说来,学科发展水平越低,值得怀疑的结论越多,实践越依赖于经验和常识,可信度越低,问题也越多。

四、类比与移植的策略

类比是一种从特殊过渡到特殊的思维方法。移植是将一领域中的科学研究创造出的成果应用到另一领域去。运用到科学研究方法上来,指的是通过与其他学科研究对象类比和借用其他学科的思维方式,来发现本学科研究的新问题。这种思维策略的特点是从别的学科研究中得到启发,找到发现的"工具"。因此,它的关键是善于发现不同学科研究对象与思维方法之间的关系,善于借"他山之石"。上海市厦门路小学等学校研究的课题"没有分数的教学实验",就是把苏联学者阿莫纳什维利的"取消分数"的教改实验移植过来的。杜威的生活教育论的三个命题"教育即生活,学校即社会,做中学"和陶行知的生活教育论的三个命题"生活即教育,社会即学校,教学做合一",也是通过类比与移植的方法对新发现的问题进行研究得出的结论。

学科教学选题也是如此。例如英语教学中特别注重情境教学和对话,这是为了加深学生对词汇的理解和运用,如果将它运用到语文教学中又是一个什么样的结果呢? 在中小学语文教学中培养学生的创造性思维的经验能否移植到中小学数学教学中来培养学生的创造性思维? 中学校长身上应具备的素质能否移植到小学校长应具备的素质上来? 小学学校文化的建设策略能否移植到中学学校文化的建设策略上来? 等等。要正确地运用类比与移植的策略,需要研究者的知识面宽,在思维品质上具有较强的迁移性和概括性的特点。

五、换位思考的策略

换位思考,即从不同的角度、不同的层面来认识原有的研究对象,以形成新的认识,体现出灵活性和严密性等思维品质。它需要摆脱原有的思维定势和已有知识的影响,实现意向转化,以形成关于对象的新的认识。例如在教育史上以赫尔巴特为代表的传统教育是从"旧三中心"即教师中心、教材中心、课堂中心的角度去认识它的特点与规律,后来,欧洲的"新教育"和美国的"进步主义教育"倡导者逆向思考,从"新三中心"即儿童中心、经验中心、活动中心的角度来看问题,发现了许多新的问题并通过研究得出一系列很有价值的结论。现实教学中,对于教学活动的认识,同样我们也需要从教与学的各种不同性质的相互作用中来认识教学的规律。又如,对于班主任素质的要求,除了研究者进行理论分析外,我们还可以从"学生视野中的班主任"这一角度进行分析研究,改变思维角度来发现问题,得出的结论也是不同的。

第三节　选择课题的常用方法

选择研究课题有以下五种具体方法。①

一、质疑法

质疑法就是把已有的结论、常规习惯、行为方式等的合理性,作为非绝对的肯定或否定的判断,对其合理性提出质疑。古今中外有见地的科学家、哲学家都认为,科学研究始自"问题",而问题源于"质疑"。"不怀疑不能发现真理。"质疑对选题之所以重要,一是由于"疑"需要深思熟虑;二是由于疑是追求新知进行创新思维的开始;三是由于质疑是冲破传统观念束缚的动力。不敢质疑,就不可能确定选题,就不可能确定出好的选题。大胆质疑,对约定俗成的东西、对模棱两可的认识进行重新审视,这是发现问题、选定课题的基础方法。

---

① 陈思宇.新世纪我国中小学教师科研胜任力研究[J].现代中小学教育,2019(9):61-67.

二、变换法

变换法就是转换思考的角度,从不同的角度、不同的层次来认识教育教学中已经研究过的内容,进而形成关于这些内容的新认识。变换,不是否定原来的结论,而是摆脱原来的思维定势,独辟蹊径,发现新的问题,或者发现解决问题的新的方法。

三、类比法

类比法就是通过与其他学科研究对象进行类比,借用其他学科的思维方式,以此来发现自己所研究的新的问题的方法。其特点是能从别的学科研究中得到启发,找到发现的角度或工具。目前教育理论研究中许多新兴学科(如教育经济学、教育人口学、教育社会学、教育法学、教育伦理学、教育控制论等),都是运用其他学科的研究方法与成果分析研究教育领域内有关现象的尝试,不仅有利于加深人们对有关教育现象、教育问题的认识,而且也丰富了教育理论。

四、直接面对现象法

直接面对现象法是一种从对特定教育现象、教育问题的思考中确定选题的方法。教师在教育教学实践中面对大量的教育对象、教育问题,只要善于多问几个为什么,就能够发现许多值得研究的课题。

五、文献资料法

文献资料法是一种通过查阅相应的文献资料发现与选择研究课题的方法。研究课题贵在能够使研究者在研究中推陈出新。在确定研究课题实践中,往往是先通过直觉判断认为某个问题具有研究价值。该问题是否真的有研究价值,是否有研究的可行性,是否能够通过研究提出新的发现、新的见解? 这些都需要进一步论证。论证的基本方法就是查阅资料,弄清别人对这一问题的研究情况:别人是否做过研究,是怎样研究的,提出过什么观点,这些观点之间有何关联,还有哪些方面值得进一步研究等。若所有有关的问题都已经被研究清楚了,自己又不可能提出新的见解,就应放弃对这一问题的研究。通过查阅文献资料,还能发现一些新的研究课题。

第四节　教研课题的主要来源

发现科研课题的途径,一是社会实践、教育实践,二是文献资料。

社会实践、教育实践是教育科研课题取之不尽的源泉。比较有效的办法是从自己所从事的学科教学实践或管理实践中经常应对、经常发现的问题(一般性问题和特殊问题)中发现问题(如本人所撰写的诸多论文等)。人们对教育的认识是永无止境的,时代的变迁、环境的变化经常会使教育教学工作面临一些新问题,弄清产生问题的原因以及解决措施,是教育研究课题的基本方面。教育内容、教学方法及形式等,虽然具有相对稳定性,但也会因教育对象等的变化产生一些新问题。即使是教育内容、教学方法自身也有一个不断丰富与完善的问题。这些都是可以进行研究的潜在课题。[①]

一位教授曾经说:"选题要像开矿一样,不要选穷矿,不要选人家开采过的、没有多大发展前途的矿,也不要选那些岩石过硬,而自己的技术水平还暂时达不到要求的矿。要选人家没开过,具有学术价值和发展前途,技术水平能达到的矿。"这个比喻惟妙惟肖,耐人寻味,道出了选题应注意的问题。

一般来说,选题有四大主要的来源。

① 陈静勉,何彪.常态课视域下中小学教师教研和培训的调查研究——现状、评价、需求及对教师科研能力的影响[J].教育导刊,2016(8):69-73.

一、来源于实践

实践出真"题",实践中的问题是研究问题的主要来源。我国伟大的教育家陶行知说过:"教育只有通过生活才能产生作用并真正成为教育。"生活是教育的动力源,教育不可能在真空中来建构人的可能生活,生活的空间即教育的空间。因此,应审时度势,根据社会的需要,看清时代的潮流,选择当前社会生活实践中发现的一些问题作为研究课题。几年以前吕叔湘先生曾在报上提出这样一个问题:"十年间,二千七百多课时,用来学本国语文,却是大多数不过关,岂非咄咄怪事!"这个问题提得很好。语文教学质量不高,这是多少年来存在的现象,大家见惯了也不认为稀奇。可是吕叔湘先生却在大量的学习时间与低下的学习质量之间发现了矛盾,提出了问题。问题提出后也有不少人为之震惊,于是近年来就有不少的中小学语文教学工作者为了提高语文教学质量进行研究实验,有的已经取得了显著的成绩。每个教育工作者都有自己的工作任务与职责,应当如何完成本职工作任务与提高工作的质量呢? 这里就有许多值得研究的课题。中小学教师从事教育教学的实践工作,在工作过程中必然会遇到这样那样的实际问题,特别是当前正处于新课程改革的进行中,这带来了大量问题值得进一步研究和探讨。例如有位教师针对"集体备课"中存在的问题,写了《"集体备课"中的"忽视"》,指出:强调"共性",忽视教师的"个性";重视"集中",忽视平时的"交流";注重"课前",忽视课后的"反思"。这对当前的教育教学有很大的指导意义。实际上,只要我们在实践中不断观察、思考,就会发现许多矛盾和困惑,就会发现许多值得研究的问题,如此一来,将会在实践中持续不断地积累研究智慧。

二、来源于理论发展的需要

在我国,教育理论的发展滞后于生动活泼、欣欣向荣的教育改革实践,这是不争的事实。教育理论的发展不仅应揭示已有理论与经验事实的矛盾，而且还要揭示理论内部的逻辑矛盾；不仅包括学科建设中若干未知的研究课题，而且包括对已有教育理论系统观念和结论的批判怀疑，以及学术争论中提出的问题。因此，从教育理论发展的需要中选题也是一个很重要的途径。像中小学生主体性发展的教育改革研究，源自主体教育理论和教育主体哲学的研究；美国学者戈尔曼提出的情商理论，启发了不少地方开展情商教育方面的研究；建构主义心理学现在成了教育信息技术研究和应用的重要理论基础；对于中小学教师来说，选题时要将学习理论和解决实际工作中的问题结合起来，从能否运用、验证、修正、创新和发展教育理论这一角度考虑。如有位教师在学习了陶行知的生活教育理论后，撰写了一篇《陶行知生活教育理论对当今中小学英语教学的启示》的文章，里面提道："教的法子要根据学的法子，而不是考的法子；学的法子要根据用的法子，英语教学的目的是交流；考的法子要跟着用的法子，考试为达成学习目的服务；学生要读活书，活读书，读书活；从中国实际出发，开展外语教学。"这体现了理论对现实生活的指导作用。

三、来源于研究文献

通过查阅与评价研究文献，能够了解到当前研究中集中的焦点问题、已有研究中容易忽视的问题，以及还有哪些问题值得研究等，在问题的中小学教育科研空白处、错误处、不足处选取一个课题来研究，这样不仅能够学习到前人研究的思路与方法，而且还可以避免对现有的某些研究进行不必要的重复。这就要求我们平时要注意阅读大量的资料，靠长期的积累，并对问题有所思考、有所反思。

例如《完美与否，自然就好!》一文中写道：

拜读了《中国教师》第 138 期贺国春老师的大作《公开课应拒绝"完美"》，和 139 期丁徐华老师的争鸣之作《公开课应拒绝"完美"吗》，很受启发。贺文的观点认为"公开课应该拒绝'完美'，拒绝'作秀'"；丁文的观点则认为"'完美'的课堂教学是我们的追求"，"绝不应谈'完美'色变"。本人则认为：完美与否，自然就好。

（一）任何事情都不可能完美,公开课也不例外。

（二）从美学观点看,不完美有时是另一种形式的完美,是一种独具美学价值的美,是所谓"残缺美"。

（三）完美与作秀无关。

（四）完美与否,自然就好。

四、来源于研究过程

随着研究的进行和深入,将会发现许多新的问题、新的线索和已有研究中存在的不足以及遇到的各种意外事件,这些都构成我们需要值得研究的新课题。此外,由于教育工作者在教育实践中会遇到各种困难,工作中也会产生这样或那样的缺点,有的还带有一定的普遍性,解决这些问题无疑对于提高教育质量有较大的意义,因此,也可以从工作中的困难与缺点、存在的错误认识中去挖掘课题。例如,有一个学校在对"集体备课"进行研究探索的过程中,发现许多教师对"集体备课"存在歪曲的认识,于是组织教师撰写了文章《走出"集体备课"的误区》,指出存在的现象是:①集体备课成了"教案之和";②集体备课成了"网上资料的拼盘";③集体备课成了"个人独裁";④集体备课成了"模式教育"。文章作者在对这些现象进行分析的基础上,就怎样才能更好地进行集体备课提出了自己的看法。

第五节 科研选题原则

一、价值性原则

价值性原则亦称需要性原则,是选题的重要依据和出发点。这里所说的需要,包括两个方面:一方面根据社会实践的需要,尤其是当前新课程改革的需要,这是体现选题的社会价值;另一方面根据科学内容本身发展的需要,这是选题的学术意义。也就是说,要从社会发展、理论发展的实际需要出发选择课题,或者二者兼有。对于中小学教师的教育科研来说,科研的目的主要是解决实际工作中存在的问题,因此在科研的价值上更多关注的应该是应用性的特点,这是首要的、基本的原则。[①]

如现在的数学课堂,尤其是低年级的数学课堂上,常常出现学生争抢发言机会导致教学质量受到冲击的情形,很多老师对此头疼不已。一位老师敏锐地察觉到这个问题的重要性,并进行了相关的研究,写了《面对学生争先恐后发言的引导策略》,文章提到"动静搭配,促深思;展示过程,促内化;延迟评价,促生成;精心训练,促养成"。这是一篇具有较高实践价值的文章。

二、创新性原则

科学研究是一种创造性劳动,不断创新是科学劳动的生命。课题所具有的创新性的大小,是衡量科研成果和学术论文价值的重要标准,一个没有创新性的课题是没有什么价值的。创造性原则指的是所选择的研究课题必须具有先进性和新颖性,要解决前人未曾解决或尚未完全解决的问题,要从新问题、新事物、新理论、新思想中去选题,这是科研的根本点和灵魂,可以说,科研的魅力也就体现于此。正如李政道先生所说:"向还没有开辟的领域进军,才能创造新天地。"由于实际情况不同,课题的创新要求一般可分为三个层次:①独创性。这是高层次的创新课题,它要求提出没有人提过的新问题,开辟无人涉及的研究领域,创立新的理论体系、教学流派和教学模式等。②再创性。这是中层次的创新课题,其中,有的是将别人的研究课题加以组装、分解和改造后再生出的新课题;有的是将已有的研究课题运用到新的领域、情境、学科等实践中,又在某些方面有所创新。③自创性。这是低层次的创新课题,它只要求对自己是前所未有的、对自我发展是有利的问题加以解决,但并不要求对社会对别人有什么创新价值。做到这一点,需要我们了解现状以求得较高立足点,敢于涉足别人未曾涉足的研究领域,处理好

---

① 张曦.农村中小学教师科研素养现状调查与对策研究[J].孩子天地,2016(17):298.

继承与创新的关系,敢于从新的角度去研究、去思考,从不同的方面去探讨问题。

如数学复习课一直是令教师犯难、学生厌倦的一种课型,形成此种状况的原因极为繁杂,想用一篇三四千字的文章做出令人信服的分析判断并提出相应的解决对策,那是不太可能的。一位教师站在以学生为主体的角度审视传统的复习课堂,认为复习过程的"情趣"缺失是一个最为严重的弊病,于是他从复习课的"情趣化"设计这一点切入,写了《谈数学复习课的"情趣化"设计》这篇文章,提出了"情趣化"设计的三条对策:"蕴涵童真"的情境,"源自需要"的梳理,"出新求真"的练习。观点新颖,分析到位,措施得力,给人以清晰深刻的印象,很值得读者借鉴。

三、科学性原则

科学性原则又称合理性原则,是指选题不但要考虑是否满足社会和科学发展的需要,具有实用价值,确实可行,而且还要看课题本身是否合理。科学研究是探寻真理的活动,因此,教育科研题目的选择必须遵循教育及与之相联系的各种事物的客观规律,必须充分认识研究的客观条件。体现教育中的科学性原则,需要我们不仅要有正确的哲学指导,同时还要遵循正确的选题程序与方法,要通过对教育的历史、现状的分析,对他人的研究成果和各方面资料的收集、整理和分析,经过严密的科学论证等形成课题,切忌主观想象、盲目选题。

如师生互动是新课程的一种重要理念,是研究当前课堂教学过程的一个热点话题。尽管人们对师生互动关注、研究得较多,但是目前仍然存在着诸多问题,突出表现在:互动形式单调,多师生间互动,少生生间互动;互动内容偏颇,多认知互动,少情意互动;互动深度不够,多浅层次互动,少深层次互动等。之所以存在这样的问题,原因是没有把握住师生互动的本质,没有把握住互动的时机。关于师生互动的本质,有关学者研究得很多,但是对何时互动这一问题研究得极少。就互动的时机这一问题,有位教师写了篇《师生互动,"动"要恰到好处》的文章,认为:①"动"在教学内容重点、难点的掌握处;②"动"在学生的情感需要处;③"动"在学生的疑问处。显然,这是在对师生互动的文献资料及当前的现状进行分析之后而选题的。

四、可行性原则

可行性原则体现的是科学研究的"条件原则"。科学研究是一项严谨求实的活动,课题的最终指向是研究成果。要想顺利地开展研究、完成课题,就必须充分考虑主客观条件,分析课题在实际研究过程中的现实可行性。这里要看两方面的情况:

一方面要确定主观条件是否具备。主观条件是指研究者的知识结构、思维特点、智力层次、研究能力、思想水平、科学品格、心理素质、科研经验、专业特长和兴趣爱好等是否满足研究的需求,同时也要充分考虑到自己的力量与研究课题的大小难易是否相称。对于初次从事研究的人要紧密结合自己的教育教学及教育管理实际,选择那些范围较窄、内容比较具体、难度较低、自己感兴趣又比较熟悉的领域的课题,以及对自己的实践具有指导意义的课题。以后,随着自己经验的不断积累,科研能力的不断提高,可以选择一些难度较大或综合性较强的课题。也可以组织有关人员形成一个研究共同体,就一个大的课题共同研究,共同解决问题。

另一方面要全面了解、恰当地评价客观条件是否具备。客观条件指课题研究所必需的资金设备、文献资料、研究基地、经费、时间、协作条件及领导的关注、家庭成员的支持、相关学科的影响和社会环境等。此外,还要充分考虑时机问题。主要指涉及与研究有关的理论、工具、技术手段的发展成熟程度等。选题必须抓住关键性时期,什么时候提出该研究课题要看有关理论、研究工具及条件的发展成熟程度。如果过早提出问题,则意义就会显得不是太大。例如,学校还未建立多媒体教室,你却提出多媒体优化教学的问题,显然你是无法完成的。提出过晚,又会被认为是亦步亦趋,毫无新意。

总之,一个课题的选择,必须从研究者的主、客观条件出发,选择有价值的题目。如果一个课题不具备必要的条件,无论社会如何需要,如何先进,如何科学,没有实现的可能,课题也是徒劳,毫无意义的。

第三章
中小学教师常用的科研方法

第一节 教育叙事研究

一、教育叙事研究概述

(一)教育叙事研究的含义

叙事即叙述故事,叙事是为了告诉某人发生什么事的一系列口头的、符号的或行为的序列,它源于人类种族经验延续的需要。叙事是人们自我教育的一种方式,是一种意义生成的承载工具和一个文化的表达模式,人们正是透过自己的叙事,建构存在于世界的一个版本。叙事在小说文学中有着悠久的历史,是文学的要素之一。它主要集中关注的是人类的经验,是探索人类经验现象的一条途径。目前叙事也正在被广泛地引入其他学科领域。[①]

叙事研究又称"故事研究",指的是任何使用或分析叙事材料的研究。它不仅仅体现为一种研究的方法,而且是人类体验世界的方式,更在于一种思维方式。相对以往所谓科学化的研究而言,叙事研究尊重每个个体的生活意义,强调与人类经验的联系,主要通过有关经验的故事、口述、现场观

---

① 刘现.中小学信息技术教师科研创新能力影响因素模型与支撑环境构建[D].西安:陕西师范大学,2015.

察、日记、访谈、自传或传记甚至书信及文献分析等来逼近经验和实践本身，描述人们的行为以及作为群体和个体的生活方式。

什么是教育叙事研究？邱瑜在《教育科研方法的新取向——教育叙事研究》一文中是这样说的："教育叙事研究是研究者以叙事、讲故事的方式表达对教育的理解和解释。它不直接定义教育是什么，也不直接规定教育应该怎么做，它只是给读者讲一个或多个教育故事，让读者从故事中体验教育是什么或应该怎么做。"①可以看出，教育叙事研究是以叙事的方式开展的教育研究，是质的研究方法的具体运用。它通过对一些有意义的教育事件的描述，以叙事的方式反思自己的教学思想和教学行为，并改变自己的日常生活，发掘或揭示内隐于这些生活、事件、经验和行为背后的教育思想、教育理论和教育信念，发现教育的本质、规律和价值意义，从而使教师在实践探索中所积累起来的丰富经验得到有效的理论总结和提升。这是引起教师实践变革，转变教学观念和教学行为的一种行动方式。

(二)教育叙事研究的意义

1.是中小学教师表达思想的有利方式

布鲁纳认为人类有两种基本的认识世界的方式：一种是为寻求普遍真理的范式的方式(paradigmatic way)，这是自然科学研究的基本方式，在这种方式的主导下，人们关注的是普遍意义上的"理"与"逻辑"。另一种是叙事的方式(narrative way)，人们通常运用叙事的方式寻求实践的具体的联系，关注事件展开的具体情节，而不是以抽象的概念和符号压制生活中的"情节"和"情趣"。这是一种面向事实本身，理解他人、体验生活的人文科学认识方式。叙事过程本身就是反思、认同、获得意义，从而达到内心世界改变的过程。它具有真实性、可读性、情感的丰富性，以及对人的内心世界具有强烈冲击性的特点，是传统的科学方法所难以达到的。它贴近生活、贴近实践，能够较准确地把握经验的内容、意义和价值，因此是一种"自下而上"的研究。这是离一线教师的生活最贴近的、教师最容易表达自己的教育体验和

---

① 邱瑜.教育科研方法的新取向——教育叙事研究[J].中小学管理,2003(9):11-13.

梦想的研究。它通过教育生活经验的叙述促进人们对于教育及其意义的理解，为一线教师提供一种能让他们参与进来的生活语言风格的研究文本。

2. 是实现教师专业化的有效途径与方法之一

美国学者波斯纳指出："没有反思的经验是狭隘的经验，至多只能成为肤浅的知识。如果教师仅仅满足于获得经验而不对经验进行深入的思考，那么他的教学水平的发展将大受限制，甚至会有所滑坡。"为此，波斯纳提出了一个教师成长公式"经验＋反思＝成长"。该公式体现了教师成长的过程应该是一个总结经验、捕捉问题、反思实践的过程，反思成为促进教师专业化发展的有效途径。教育叙事研究的基本目的不只是关注教育"事理"与"逻辑"，而是通过自我叙述来反思自己的教育生活，并在反思中改进自己的教育实践，重建自己的教育生活。可以说，反思性正是教育叙事的核心。当教师以叙事者的身份参与自我教育生涯历程之中，不断地谋求自我教育生活的价值追问与意义反思，就使得教育叙事不仅成为教师个体提升、改造日常教育生活质量的有效途径，同样也可以成为教师个体改造、提升教师自我生命质量的重要途径。

3. 有利于教育科研走向生活实践

教育叙事研究根据其研究的主要目的可以分为两种类型：一种主要是以探索教育科学世界规律为目的的研究，它要回答"是什么"和"为什么"的问题；另一种为以探索教育生活世界本质为目的的研究，它要回答"怎么样"和"将会如何"的问题。在以往教育学理论中往往要解决的"问题"并不涉及实际的情境，因而不是现实的教育问题，可以用逻辑的理性方式"解决"。现实的教育问题总涉及个人的活动，而个人经验积累的不同以及个人所处的教育环境的不同、个人对问题认识的差异性会导致表面上或者形式上相同的问题，实质上则因人而异。因此，就教育研究的目的而言，两种研究范式不能相互替代。而教育叙事研究旨在揭示社会现象背后的意义，注重参与者的观点，关注不同的人如何理解各自生活的意义，因而能够深入探究人的内心活动和思想，弥补了以往那些忽视人类经验的某些特殊层面的研究方法的缺陷。教育叙事研究不仅仅是教师表达个体经验的理论形式，而且是要求教师以合理有效的方式解决教室里发生的问题，并将其具体遇到的问题和解决问题的过程"叙述"出来。通过再现教育实践时空中发生的各种有意义的事件及场景,从中反思、感悟,得出个性化的结论。在这些教育叙事中,包含着教师的教育智慧,正是这些来自教学一线的活生生的故事,更能够给人们以新颖的启发和无限的思考,这正是教育理论的真正的源泉。教育叙事研究以实践为驱动,以学校为本,以人为出发点,使教育回归生活本身,让"沉默的大多数"(教师)有机会参与进来,拥有话语权,发出自己的声音,有利于教育科研走向生活实践。

(三)教育叙事研究的特点

1. 教育叙事研究所叙述的内容是描述和诠释社会经验现象

教育叙事研究要求教师做的研究就是"讲"教育故事,而不是引经据典地撰写教育论文。教师所叙述的事情是教师身上所发生的故事,是过去已经发生的教育事件,而不是未来发生的事情。它是真实性、有情境性的,而不是教育者的主观想象。在教育叙事研究中,叙述者既是说故事的人,也是他们自己故事里或别人故事中的角色。这样,一方面通过叙事来尽可能地展现教育的真实,以便使教育研究与真实的教育经验形成内在的关联;另一方面提升叙事为教育经验,提供与一般思辨语言不同的生活语言,提供一种经验的理论方式,目的是寻找一种能够更好地呈现乃至穿透经验的语言方式或理论方式。

2. 教育叙事研究所报告的内容具有一定的"情节性"

叙事应该有一个主题。教育叙事研究以教师的生活故事为研究对象,因此它是一种事实性、真实性、情境性的研究,体现出"实"的显著特征。叙事的"主题"是从某个或某几个教学事件中产生,而不是将某个理论作为一个"帽子",然后选择几个教学案例作为例证。它是以"叙述"为主,而不仅仅是经验的呈现方法。它谈论的是特别的人和特别的冲突、问题或使生活变得复杂的任何东西,所以叙事研究不是记流水账,而是记述有情节、有意义的相对完整的故事。它是教师在教育活动中对实事、实情、实境和实际过程所做的记录、观察和探究,从而获得对事实或事件的解释性意见。

3. 教育叙事研究的过程注重反思性

教育叙事研究并不是教育事件的实况录制,其根本特征在于反思,这种反思是对经验的重组和理解,以及提供意义诠释的过程。教师在叙事中反思,在反思中深化对问题或事件的认识,在反思中提升原有的经验,在反思中修正行动计划,在反思中探寻事件或行为背后所隐含的意义、理念和思想,即让教育回到生活本身,回到现实,让教育在生活中焕发能量,以此反思并改变自己的生活,从而使教育具有无与伦比的理论和实践的生命力。每一次反思都是一个新的起点,都让研究者获得对过去的一种弥足珍贵的亲切的感受,同时又沉淀、结晶出对过去教育生活的宝贵经验和宝贵的个体性教育知识。所以说,教育叙事研究的过程是一个经验反思和创造发展的过程。

4. 教育叙事研究的方法论是"质的研究"

所谓质的研究,陈向明教授指出,"是以研究者本人作为研究工具、在自然情境下采用多种资料收集方法对社会现象进行整体性探究,使用归纳法分析资料和形成理论,通过与研究对象互动对其行为和意义建构获得解释性理解的一种活动"。叙事研究则是质的研究运用的一种表现形式,它将使教师不仅获得有意义的职业生活,而且会改变教师的存在方式。

教育叙事不以抽象的概念或符号替代教育生活中鲜活生动的情节,不以苍白的语言来描述概括的教育事实,有着鲜明的优点。但是,它也有自身的不足。我国学者郑金洲教授关于教育叙事的优点与局限性概括如表3-1所示。

表3-1 教育叙事的优点与局限性

教育叙事的优点	教育叙事的局限性
1. 易于理解	1. 一旦与传统的研究方式混淆,容易遗漏事件中的一些重要信息
2. 接近日常生活与思维方式	
3. 可帮助读者在多个侧面和维度上认识教育实践	2. 收集的材料可能不太容易与故事的线索相吻合
4. 使读者有亲近感,具有人文气息	3. 读者容易忽略对故事叙述重点问题的把握
5. 能创造性地再现事件场景和过程	4. 难以使读者有身临其境的"局内人"感觉
6. 给读者带来一定的想象空间	5. 结果常常不清晰明确

(四)教育叙事研究的内容

教师的叙事研究已非常鲜明地划定了事件的范围,这些"事"是教师之事,这些"故事"是教师的生活故事,是教师在日常的教育活动中所遭遇、所经历的各种事件。具体来说,教育叙事研究的内容包括以下几个方法。

1. 研究教师的教育思想

中小学教育科学研究中的教育叙事研究主要立足于中小学中的日常教育实践。也就是说,学校或课堂本身就是教师进行教育叙事研究的场所或现场。而教师的教育思想不是停留在空中的楼阁,也不是抽象存在的,它具体体现在教师的教育教学行为当中,表现为教师的教育理念先进与否、教育思想系统与否、教育认识独特与否。教师关于教育的理想、认识、看法、见解渗透于日常的教育活动中,指导着教师的教育行为,也影响着教师的人生。因此,教育叙事研究首先就要研究教师的日常行为背后所内隐的思想、教师的生活故事当中所蕴含的理念,以便为教师的行为寻求到理论的支撑,为教师的生活建构起思想的框架。

2. 研究教师的教育活动

教育叙事研究的最好方式莫过于研究教师自己。研究教师自己,就必须认真地对待和研究教师和学生自身教与学的经验和实践。一方面,需要把教育变革建立在每一天的教与学的实践中;另一方面,亟须关注教师自己每一天的教学中知识与技能、过程与方法、情感态度与价值观中的经验。只有从自身的实践和经验出发,才能变革教师自己的教育、教学。教师的教育活动是丰富多彩、绚丽多姿的,教师在教育中展现自己、在活动中塑造自己、在行为中成就自己,而这点点滴滴的细节和事件构筑起教师充实的职业生涯和美妙的事业人生。叙事研究正是立足于此进行的研究。可以说,教师的教育活动范围有多宽,教师的叙事研究领域就有多广;教师的职业触角有多深,教师的叙事研究延伸就有多长。这种研究有助于教师更深地认识自己、提升自己,由此而带来教育世界的整体升华。

3. 研究教师的教育对象

教师职业的劳动对象是具有思想、感情、个性和主动性、独立性、发展性的活生生的人。正在成长中的青少年构成了教师职业劳动对象的主要部分。教师的叙事研究也要研究学生的认知特点、情意特点、人格特质，研究学生的年龄特征、个性差异、身心规律，研究学生所感兴趣、所思考、所进行的活动。当这种研究将学生生活的真实世界展现于人们面前时，人们就获取了与学生对话、沟通、交流的可能，从而有可能理解学生所追求、所欣赏、所厌恶的事物，这样的教育世界才是真正属于师生的共同世界。

（五）教育叙事研究的类型

教育叙事是教师对自己过往教育经验的回顾与思考，主要包括教学叙事、生活叙事和自传叙事。

1. 教学叙事

教师的日常生活主要是课堂教学，教师所寻求的对教育实践的改进主要是对教学生活的改进，因此教师的叙事内容主要是由教师亲自叙述课堂教学生活中发生的"教学事件"。这种对教学事件的叙述即称为"教学叙事"。教学叙事绝不是简单的"镜像"教学生活，而是需要有鲜明的主题或引人入胜的问题；有解决问题的情境性、冲突性、过程性等的描述；有解决问题的技巧和方法；有解决问题过程中及过程后的反思；有获得的经验或教训。所以，教学叙事通常采取"夹叙夹议"的方法，将自己对"教育"的理解以及对这一节课的反思插入相关的教学环节中，用"当时我想……""现在想起来……""如果再有机会上这一节课，我会……"等方式来表达自己对"教学改进"的考虑。由于课堂教学是教师最日常的教育生活，所以，教学叙事的实质是反思教学实践过程中有价值和有意义的资源，它对教学起剖析、反思、借鉴和启迪的作用，是叙事研究的重点。

2. 生活叙事

叙事理论认为：生活中充满了故事，人的每一经历就是一个故事，人生就是故事发展的过程。每一个人都是他的故事的叙说者。教师"叙述"自己的教育故事，实质是"反思"自己的教育实践，教师参与教育研究不只是为了发表教育论文，不是为了炫耀某种研究成果，而是"听教师讲述自己的故事"。除了参与"课堂教学"，教师还大量地居留于课堂教学之外。所以，教师的"叙事"除了"教学叙事"，还包括教师本人对课堂教学之外所发生的

"生活事件"的叙述，它涉及教师的管理工作和班级管理工作，如"德育叙事""管理叙事"等，一起构成"生活叙事"。一位中学老师曾经这样提道："这类生活叙事比教学叙事更具有可读性，因为这些生活叙事与教学相关，又没有学科的界限，适合于所有学科的老师阅读。"所以，生活叙事也是值得关注的。

3. 自传叙事

自传叙事指的是教师通过对个人成长或成长的某一方面的梳理，然后去发现这一阶段对教师教育生活的重要性，并经由"自我反思""自我评价"而获得某种"自我意识"。在这种叙事中，是"我"在讲述自己教育中的亲身经历，"我"是故事的组织者与建构者，当教师讲述他们自己的教育故事时，这种谈论教育的方式有些像叙述自己的"自传"，所以又把它叫作"教育自传"。自传叙事的实质是"从'个人生活史'中透视整个世界"，因此它"充满生命的体验和生命的感动，容易牵动人心"。在对自我教育生活发现与认同的同时，也是对教师人生的丰富性、价值性的发现与认同，教育叙事因此而成为改变日常教育生活单调与平庸的重要方式。

二、教育叙事研究的实施步骤

丁刚教授曾经对好的教育叙事给出过最高标准，他说："如果叙事可以达到这样的境界，即不仅在讲述某个人物的教育生活故事的过程中揭示了一系列复杂的教育场景与行为关系，而且'照亮'了某个人物在此教育场景中的'心灵颤动'，可以给读者一种精神震撼，那么这就是非常好的叙事了。"也有的学者提出，好的教育叙事的标准是：好的叙事＝生动的故事+精彩的内心活动。具体可分解为：①事件真实；②描述的情境有意义，抒发独到的思考；③叙述清晰，细节描写生动，揭示人物的心理，细腻刻画冲突情节；④叙述的问题对他人有思考价值和启发意义。

（一）搜集素材

教育叙事源于教育生活，所叙述的是已经发生过的教育事件，是生活中发生的真实故事，因此，它离不开丰富的素材和详细的原始资料。这就需要教师要善于捕捉这些教育故事的"源文件",特别是要经常有意识地随时收集那些让你感到有趣或震撼的教育教学事件资料或存在新问题的教育教学事件资料。收集的资料最好着眼于学生的行为、教师的教学等,可以是个人经历或别人经历的事件,可以是课堂上或课堂外发生的事情,也可以是在学校活动、学习工作中遇到的事。收集资料中经常采用的具体研究方法主要是参与式观察和深度访谈,目的是捕捉、把握研究对象的深层信息,深刻了解他的内心世界,深入揭示关于他个人思想的知识和社会背景方面的信息。当然这需要教师及时做一些记录,养成记录的习惯。

(二)提炼素材

教育叙事研究不是简单的"镜像"生活,而是观察与思考生活。这意味着并不是所有的故事都值得写,需要根据情况选择一定的事件(故事)。选择时要把握住"教育叙事"必须基于真实的课堂教学实践,要捕捉教育教学活动中出现的问题,所叙述的教学事件必须具有一定的典型性,蕴含一定的教学理念、教学思想,具有一定的启迪作用,能够在研究者和读者之间开放教育的思考空间,引申出教育视域的复杂性、丰富性和多样性。对于所选择的问题应是有意义的问题,即:①研究者对该问题确实不了解,希望通过此项研究获得一个答案;②问题所涉及的地点、时间、人物和事件在现实生活中确实存在,对被研究者来说具有实际意义。所选择的问题要小而准确,表述要清楚,让读者从教育叙事中获得一定的感悟,或有某种教育灵感。

(三)把握主题

教育叙事的研究方法是讲故事,而一个完整的故事,应该有一个明确的主题,必须有"情节化"描写,按照故事主题的需要将材料连贯起来。而且,这个"主题"应从某个或一连串教育教学事件中产生,体现出相关的教育教学理念,要把问题的产生、问题解决的过程、解决的结果这些内容阐述清楚。对于关键方面可进行重点描写。这样教师在"讲故事"过程中就能展现一个真实的自我,展示出具体的、独特的、情景化的日常教育生活。也只有这样,才会使讲述的故事生动形象、富有感染力,紧紧地吸引读者的眼球,深深地打动读者的心,并引起读者的共鸣,这是研究得以进行的保证。

（四）分析阐述

教育叙事研究不仅要从生活事实出发，把真实的教育生活淋漓尽致地展现出来，同时又要有基于事实的深刻分析。两者并行不悖，相辅相成，构成了研究报告中细腻的情感氛围和浓郁的叙事风格。教育叙事研究需要反思，通过反思提升叙事的品位。反思是叙事中"议"的基础，只有有了深度的反思，才会有有分量的"议"，才能使研究有深度、有价值，使读者被打动，留下深刻的印象，有大的收获。这需要掌握一定的教育理论和研究方法。因为理论可以指导人的教育教学实践，启迪人们的思维和智慧，提高人的洞察力和分析力，升华人的思想和理念。

第二节　教育案例研究

一、教育概述

（一）个案研究的含义

个案研究是指分别以一个人或几个人、一个典型事例、一个群体为具体研究对象，对这些对象的某种教育现象或某种教育问题进行的研究。①

个案研究是通过对单一的研究对象进行的深入具体的调查与认真仔细的分析来认识个案的现状或发展变化的过程。个案研究虽然不带有严格意义上的普遍性，但是矛盾的普遍性总是存在于特殊性之中，因而通过个案研究，可从一定程度上反映出其他个体甚至是整体上的某些特征或规律。

个案研究一般要对研究对象进行一段时间甚至是较长时间的连续研究，通过个案观察、个案调查（问卷、访谈、测验）等各种途径，不断搜集研究资料。亦有人称个案研究为"追踪研究"。这种研究方法能获得被试发展变

①　陈国祥.涵育"适合的"科研生态：凝聚学校高品质发展的增值力[J].中小学管理,2017(11)：18-20.

化的第一手材料,了解被试或某一教育现象的发展情况,以弄清学生发展过程中的个性差异,真正做到因材施教,探索教育规律,开发学生智力,培养学生能力,使学生的身心得以健康发展。

个案研究的应用范围十分广泛,应用于法律、医学、精神病学、心理学、教育学、人类学、社会学、经济学、政治科学、企业管理、新闻工作以及各种咨询与指导等领域。

中小学学科教育领域的个案研究,主要是针对学生,特别是对于具有某学科天赋的学生和学习某学科困难的学生,或在学习过程中有特殊行为的学生。中小学学科教育的个案研究也可以针对某个班级、某个学校或某一种教学方法、某种教育现象等。

(二)个案研究的现实意义

为了推进素质教育,提高基础教育的质量,必须切实贯彻面向全体,使学生全面发展的教育方针,重视开发学生的智力,培养学生的创新意识和创新能力,开发每个学生的潜能。

中小学学科教师在教学第一线,掌握着丰富的第一手研究资料,最有条件进行个案研究,只要有心,只要持之以恒,定能取得令人欣喜的成果。同时,中小学学科教师结合日常的教学工作,进行个案研究是减负增效、推进素质教育的有效措施。

(三)个案研究的特点

1. 研究对象的个别性与典型性

因为个案研究的对象是一个人、一个机构或一个团体,也可以是一件事,这就决定了研究对象具有个别性,这是个案研究区别于其他研究的一个特点。研究对象的个别性有助于教师从事对个别学生的研究,特别是对具有某学科天赋的学生的研究和对学习某学科困难的学生的研究,或对于在某一特定范围内具有典型性的某一对象(人或事)的研究。研究者通过对特殊对象的研究,运用归纳推理的办法,揭示带有普遍意义的教育规律。

2. 研究方法的多样性与综合性

中小学学科教育个案研究的内容很宽泛,涉及以下几点:

（1）研究学生的个体差异。

（2）研究学生学科能力的培养、对学科知识的掌握。

（3）研究教学方法对学生学业成绩的影响。

（4）研究影响学生学习某学科的外部条件。

（5）研究学生学习某学科的动机、情感、兴趣、习惯、性格、意志等非智力因素对学习的影响等。

个案研究法往往是观察法、调查法、实验法等多种研究方法的综合。个案研究也可以贯穿在其他研究方法中。

3. 研究过程的深入性与全面性

个案研究的对象相对单一，只要抓住一两个典型就可以研究，在任何一个班级的学科教学中都可以找到这样的典型。但对这样的典型应在时间和空间上做多方面的、深入持久的研究。研究的时间范围可以是研究对象的过去、现在，直至追踪到将来，这是一种纵贯性的深入研究。

个案研究不仅在时间上具有纵贯性，而且研究的内容在空间上是多方位的，具有宽泛性。对一个学习某学科有困难的学生的研究，不仅要从学生的智力和学习的努力程度上进行分析，而且还应涉及研究对象的家庭、社区（居委会、邻近的娱乐场所等）以及该学生的兴趣、爱好、性格、学习方法，学生所在的班级、学校及其他任课教师、班主任等。

只有当研究的内容越全面、过程越深入，采取的教育措施才会越具有针对性，收到的教育效果才会越好。如果研究者只凭了解到的片言只语就下结论，往往难以避免主观片面性。

4. 个案研究的局限性

（1）因为个案研究的"个"字的特点，使得被试范围比较狭小，且被试是研究者主观确定而非随机的。

（2）个案研究大量依赖于对所研究对象的观察、描述、定性判断或解释，尚缺乏坚实的理论基础，很难避免主观性和片面性。

（3）个案研究是通过对个别的特殊的人和事的研究，导出一般性的结论，因此，其结果的代表性往往不能被人们所认同，而且个案追踪研究需要较长时间，需要受试者的长期合作，部分受试者的流失也会给研究带来一定影响。

二、个案研究的步骤

个案研究的过程大致可分为确定研究的对象、搜集资料、成因分析和个案指导等四个步骤。

(一)确定研究的对象

研究的问题是否有价值,首先是确定研究对象。在中小学学科教育研究中,个案研究对象有下列两类:

1. 个人

个案研究中,大多数是对学生个体的研究,单个被试有助于教师从事个别学生的研究。个案研究对象中的个人包括智力超常儿童、有某学科天赋的儿童、学习某学科有障碍的学生、在某些方面有特殊情况的个体等。

(1)对于智力超常、有某学科天赋或学科成绩出众的学生,研究的目的主要是了解他们的特点,探索他们成长的规律。

(2)对于学习某学科有障碍的学生,研究的目的主要在于能找出其症结所在,从而对症下药,帮助他们提高学习成绩,使他们的潜能得以发挥。

(3)对于一些有特殊情况且带有一定典型性的个体,如逃学的学生、父母离异的学生、性格孤僻的学生等,对其研究,旨在探索对这些学生进行教育的规律。

2. 教育机构或社会团体

中小学学科教育个案主要是学习小组(包括学科兴趣小组)、班级、学校,当然,也可以是农村、城镇、某个区域。对教育组织或社会团体的学科教育个案研究,主要是发现或描述总的趋向。

(二)搜集资料

搜集资料是在确定研究对象后首先要做的工作。只有在积累了研究对象大量的有关资料的基础上,才可能对这些资料进行分析。

1. 资料搜集的范围

资料搜集的范围应根据研究对象的具体情况确定。

（1）对学生个体研究的资料一般应有个人的基本情况，如学生的性别、年龄、籍贯、班级、爱好、性格、智力以及奖惩情况、学业成绩、身体情况等。

（2）应该有研究对象的家庭情况，如父母职业及受教育程度、家庭经济情况、家庭其他成员、父母对子女的管教方式、研究对象对家人的情感等。

（3）还需要搜集与研究对象相关的其他资料，如同学、班主任、其他任课教师，还有居住地区的文化背景、邻居、亲友的社会环境等。

类似的，我们可搜集社会团体、教育组织的相关资料。

2. 搜集资料的方法

搜集资料可以通过许多途径，通常有观察（实地观察或通过录像观察）、访谈（直接的或间接的）、测验、查阅其他有关资料等。

（1）观察

最普遍的观察是观察学生的课堂行为，迄今为止，学科教育研究也应该以课堂观察为基础。实际观察时的实地记录要仔细核定时间、地点、事件发生的条件，并对记录及时归纳整理。

（2）访谈

直接找研究对象谈话或访问与研究对象相关的人物，如班主任、其他任课教师、同学、家长、兄弟姐妹、邻居等。必要时还可以进行问卷调查。

（3）测验

通过有关量表测验研究个体的智商、性格等，通过单元测验、期终考试及有意识的命题测验，考察被试的认知结构。平时的学科作业或有意识的课堂提问也可以作为检查被试掌握学科知识及学科能力的依据之一。

（4）查阅其他有关资料

查阅研究对象历年的学业成绩以及相关的档案材料，也是搜集资料的重要途径。

为了避免研究者的主观性和片面性，保证搜集资料的客观性、全面性和准确性，我们可以采用家庭访问、观察该学生、会见教师（班主任、任课教师）的三角互证法。通过三角互证法，可以比较不同来源的信息，确定资料的真实性。

（三）成因分析

成因分析，即以搜集的资料为依据，以正确的哲学方法为指导，去粗取精,去伪存真,由此及彼,由表及里,对个案历史的和现实的资料进行分析、综合,从而认识研究对象的整体,对研究对象做出概括性的定性解释或描述。

例如,对学习某学科有障碍的学生的研究,要注意造成学习障碍的因素有很多,可能是原来的学习基础的原因;可能是智力上或者是兴趣、情感、意志、习惯上的原因;可能是教育上、环境上的原因;可能是家庭的原因,比如家庭教育的方式、家庭经济状况;还可能是身体方面的原因,比如健康问题等。成因分析可以通过"专家会诊"的方式。研究者必须在这些错综复杂的原因中,抓住主要矛盾,从而得出科学的因果关系。

当研究者试图得出某些概括性的结论,而一两个个案研究尚无法定论时,可以再通过多个类似的个案进行深入的研究,以进一步确定近似的概括性结论。

(四)个案指导

学科教育科研的目的在于丰富学科教育理论和探索教育规律,指导学科教育实践。对于广大中小学教师而言,研究的目的主要在于解决学科教学中的实际问题。在成因分析的基础上,设计并施行一些积极的教育措施,对被试提出整改的要求,以促进其人、其事向健康方向发展,这就是个案研究的指导阶段。

个案指导的目的是帮助学生健康成长和取得学业进步,这就要求研究者把指导的注意力集中在与学生健康成长和学业进步有关的、具体的难点和关节点上。在个案指导时,特别是对学习有困难的学生的指导,应该注意以下几点:

(1)指导必须以成因分析为基础,找出需要矫正的弱点,或找出影响其学业成绩的关节点,从而确定指导方案。

(2)指导方案的制定应充分考虑到学生自身的价值,不应该由于学生年纪轻,就随意指责他们,使他们失去自信。

(3)指导方案应充分考虑到学生的个性、年龄特征和认知结构,针对被试成长和发展的个别需要,使方案具有针对性。

(4)必须考虑到被试的全部环境,班级的、学校的、家庭的和社会的各种主要因素都不能忽视。

(5)必须利用正确的教育方法。

(6)指导后对被试进行必要的追踪。

(7)应该有必要的指导记录。

三、个案研究的方法

学科教育科研是一个比较崭新的领域,目前尚缺乏一个完全适合于它的研究模式,而中小学学科领域的个案研究是近些年才不断得到重视的。这就需要我们在中小学学科教育科研的实践中不断探索、不断创新。这里简单介绍追踪法、归因法、临床法、分析法、会诊法等几种常用的方法。

(一)追踪法

追踪法,就是对研究对象进行较长时间的、有意识的跟踪研究,揭示问题的原因,提出指导意见,观察变化趋势,发现成长规律。验证某一教育理论、实施某一教育措施、探索某一教学方法等,均可采用追踪法。追踪研究的时间,短则数月,长则数年甚至数十年。

追踪法尤其适用于探索发展的连续性、稳定性以及早期教育对以后其他教育现象的影响等三种情况的研究。实施追踪法一般分为确定追踪研究的课题、实施追踪研究、整理和分析收集到的各种材料、提出改进个案的建议等四个步骤。

追踪法是对相同的个案进行长期而连续性的研究,研究者能真实而直接地获得研究对象发展变化的第一手资料,能深入了解个人或某一教育现象的发展情况,弄清发展过程中个体差异现象。但追踪法也有明显的缺点:一是费时长且难以实施;二是由于时间长,各种无关因素都可能介入而影响研究结果;三是由于时间太长,研究对象是否长期合作,以及研究对象的流失等都是问题。

(二)归因法

归因法,就是根据已成的事实,追寻和探索产生这一现象的原因,这是一种执果索因的方法。如一个学生的学科成绩明显退步,这是一个客观事实,那么,这个学生为什么学科成绩明显退步呢? 对这个学生学科成绩明显退步的原因进行研究,就是归因法。

实施归因法一般分为确定结果和研究的问题、假设导致这一结果的可能原因、设置比较对象、查阅有关资料进行对比、检验等步骤。

(三)临床法

临床法是通过教师与研究对象面对面的谈话,直接收集研究材料的方法,也称为临床谈话或谈话调查法。这种方法不仅可以使研究对象进入研究者设计的情境,而且还能了解研究对象的思维状况及其潜在的能力。这一方法既适用于陷入困境儿童的研究,也适用于正常儿童的研究。前者旨在解决个案的问题,后者旨在由特殊个案发现儿童发展的一般规律。实施临床法的方式可以是口头谈话,即面对面地交流,也可以是书面谈话,即问卷谈话。

实施临床法一般有六个步骤:①由教师、父母或学生本人提出需要帮助的具体行为问题或学习问题,然后观察该生的行为;②根据该生的学习成绩、教育测量情况、同伴评价、家庭情况以及在各种环境中的表现,明确当前的情况等;③根据该生的发展史、学校记录和家庭历史等资料,了解其历史,找出行为的一贯性;④根据可能的假设,设置处理方案;⑤根据初步处理的结果,判断假设是否正确,是否需要修改或必须完全推翻;⑥为了提高研究的科学性,一般宜用实验法再加以检验。

(四)分析法

对研究对象的有关材料进行分析,得出研究的结论,这就是分析法。研究对象的材料可以有学生的作业、试卷、日记、品德评语、学业成绩等;反映教育组织、教育机构的信息,如班级日志、工作计划、报告、总结、会议记录、统计材料、规章制度、信件、上级文件、教研活动记录等;教师方面的材料有听课笔记、教案等。这些材料,可以是书面的,也可以是录音、录像等。

值得注意的是,分析法要在充分地占有材料的基础上进行,否则很容易出现片面性。

(五)会诊法

会诊法就是通过参与研究者集体讨论,对研究对象的行为做出鉴定,并得出比较客观公正的结论。这种方法最适宜学科教研组或年级备课组对学生学习学科行为的个案研究。

上述几种个案研究的方法并不是孤立的,在个案研究的过程中,往往是多种方法综合应用。

第三节　教育调查研究

调查法是研究者通过有目的、有计划、有系统地对研究对象的有关材料进行搜集、整理、分析,从而了解学科教育教学的现状,发现教育现象之间的联系,认识并探索教育发展规律的方法。它是学科教育科学研究中常用的研究方法①。

一、教育调查法的意义及种类

(一)教育调查法的特点

教育调查法作为教育科研的基本方法,具有以下特点:

(1)通常采用间接的方法,从几个侧面来对学科进行调查研究,不受时间和空间条件的限制。如研究中小学学生对某学科的学习兴趣,某一地区中小学学科现有的教学质量或水平等。

(2)研究对象广泛,对各种事实和现象均可进行区域性的或大范围的调查研究。如对具有某学科天赋学生的个案研究,对智力障碍儿童的学科学习能力的调查研究,对"留守儿童"学习某学科兴趣的研究等。

(3)调查研究手段多样。既可以通过研究性谈话等方式深入地研究某学科教学现象与事实,又可以采用问卷、测验等手段。

(4)在自然的过程中,搜集研究对象的资料,可以对客观的学科教育现

---

① 普粉丽.边疆少数民族地区小学数学教师教育科研能力现状调查[J].普洱学院学报,2016(7):79–82.

象(或事实)进行描述和解释,而不必像实验法那样要求控制实验对象。

(5)一般是以教育现状为研究对象,而不是以研究教育史事为研究对象。

(二)教育调查的意义和作用

(1)为教育科学研究人员提供研究课题的第一手材料和数据。如要研究中小学学生学习某学科的兴趣,需要了解学生对该学科的认识、学习行为及爱好等。

(2)为教育行政部门制定教育政策、教育规划、教育改革等提供事实依据,如对中小学学科教材使用情况的调查等。

(3)明确教育的现状,提出新的研究课题,总结先进的教育经验,发现教育上存在的问题。通过调查,提出解决问题的新见解、新理论,从而推进教育事业与教育科研的发展。

(三)教育调查的类型

依据调查的对象、功能、研究范围等可对教育调查进行分类。

1. 按调查的对象划分

(1)全面调查

全面调查是对某一范围内所有被研究对象进行调查。可以是单位性的或区域性的,它能够得到有关调查的全部情况。

全面调查能全面反映教育的许多情况及变化发展情况,搜集的资料比较全面。但全面调查也有缺点:一是调查的问题很难深入;二是需花费比较大的人力和物力。

(2)非全面调查

非全面调查包括抽样调查、典型调查和个案调查。

1)抽样调查,就是从被调查对象的全体中抽取一部分进行调查,并以样本特征去推断总体的特征。

2)典型调查,就是从总体中选择一部分具有代表性的对象进行深入细致的调查。

3)个案调查,就是在对被调查的教育现象进行具体分析的基础上,有意识地选择某个教育现象或对象进行调查与描述。

2. 按调查的功能划分

（1）现状调查

现状调查是研究某一类教育对象或某一类教育现象目前的状况和基本特征的调查。

（2）发展调查

发展调查是对教育现象的某一特征或教育现象在一个较长时间内的特征变化的调查。

（3）比较调查

比较调查是旨在比较研究两种教育现象之间有无联系和联系是否密切的调查。比较调查可以分为因果关系和相关关系两种。

1）因果关系比较调查是通过调查与比较，寻求产生某些特征的可能原因。

2）相关关系比较调查是探索教学现象之间关系的调查。

3. 按调查的研究范围划分

（1）综合调查

综合调查也称一般性调查，是指研究变量比较多，涉及面比较广的调查。

（2）专题调查

专题调查是指研究某个方面的问题，研究变量较少的调查。

二、教育调查的形式

教育调查有多种形式，常用的有开调研会、访问、问卷、填调查表等。

（一）开调研会

调研会又叫调查会或座谈会，开调研会是教育调查中普遍使用的一种了解情况、搜集资料的方法。

开调研会，调查者与被调查者能进行直接对话，共同探讨，相互启发，彼此印证。可以在简短的时间内，取得较全面、具体的情况和资料，特别是调查的开始阶段，更能帮助调查者迅速掌握情况，获得许多线索。开调研会应注意以下几点：

（1）到会人员

到会者必须是与调查研究有关并了解情况的人员。要尽量避免因人际关系会妨碍大家畅所欲言的人员参加。

（2）参会人数

根据调研会的要求和调查者的调控能力，参会人员一般以不超过 10 人为宜。这样，每个人都有发言的机会，可以畅所欲言，互为补充和印证。

（3）会议准备

调研会要有目的、有计划、有准备地进行。事先要做好充分的准备，要拟订好详细的调查提纲或会议内容，并尽可能事先发给每一位与会者，请他们做好发言的准备。

（4）会议态度

调查者要想方设法取得与会者的合作。要讲清楚开调研会的目的要求，要采取谦虚诚恳的态度，解除与会者的一切顾虑。

（5）会议引导

调查者要按提纲逐一发问，开展讨论，也可以根据会议进展情况临时提出补充问题，请与会者回答或讨论。会议要有专人做详细记录。

（二）访问

访问法又称谈话法，是指调查者通过与被调查对象面对面地、有目的地谈话，从而了解情况、搜集材料的方法。

访问具有较强的灵活性。调查者可以根据访问过程中的具体情况来决定是否需要进一步提出调查问题的补充问题，是否需要重复或进一步解释那些访问对象不太理解的问题等。另外，调查者可以根据不同的访问对象，准备适合他们的一套问题，使得访问更具适应性。

用访问法可以调查一些比较复杂的问题，尤其是中小学生的思维和心理活动过程。由于有调查者作为访问对象的指导，从而可以利用一些问卷或访问提纲来了解一些比较复杂的问题。这是其他调查方法难以做到的。

访问具有较高的回收率，可以克服邮寄问卷调查中问卷回收率低的缺点；同时，访问能观察到非言语行为，调查者可以在现场直接观察访问对象的非言语行为,从而判定访问对象的回答是否真实可信。

当然,访问法也有其局限性。如需要花费较多的时间和精力,要求有较好的访问技巧、经验,才能保证有良好的访问效果;同时,访问法的标准化程度较低,难以统计分析。

在中小学学科教育科研中,访问法适用于研究学生学科能力、思维的个性差异;探究学生学科学习行为表现或态度的根源;了解学生学科思维过程和思维活动(包括解题的思维过程和思维活动);发现学生学科学习困难的原因,优秀学生学科学习的经验;了解学科教师的备课方法、工作经验和教学体会等。

1. 访问的形式和内容

(1)访问的形式

1)正式访问。它要求有一定的组织形式,严格按照拟订的计划进行,可以在较短的时间内获得所需的材料。但访问对象往往会先存有戒心,使谈话留有余地,影响到材料的真实性。

2)非正式访问。它是调查者和访问对象在日常接触中,在自然的气氛和环境中进行的访谈,访问对象不受拘束,获得的材料比较可信,但花费的时间较多。

(2)访问的内容

1)事实的调查。即要求访问对象提供确实可靠的事实情况。

2)意见的征询。即要求访问对象提供对某个教育问题的看法、意见和建议。

3)了解个体的内心世界和心理动机。个体的内心世界和心理动机包括个人的经历、抱负、兴趣、爱好、信仰、个性特点、心理品德乃至家庭情况、社会关系等。

2. 访问的一般步骤

(1)确定主题

确定访问的主题也就是通过访问调查要了解哪些方面的资料。

(2)抽取样本

若调查范围内的人数很多,可以用随机抽样或机械抽样的方法进行抽样;若调查范围内的人数较少,则可以选择了解实情、愿意作答并有代表性的人作为访问对象。

(3)编拟问题

根据调查的目的所确定的内容和要求编拟问题,包括问题提出的形式和问题的编排顺序以及考虑到访问对象可能做出的回答而准备的补充问题。

(4)搜集答案

问题的基本答案应事先搜集全面,以便将答案分类并赋以相应的代码做记录。

(5)设计访问记录表

根据访问的内容和问题设计访问记录表,以供记录使用。

(6)试谈

根据试谈的结果修改问题和答案。

(7)正式访问和记录

(8)整理分析记录

整理并分析访问记录,即对结果做归纳和统计分析。

3. 访问的注意事项

(1)提问态度亲切自然

提问时要亲切自然,使访问对象没有任何压力,乐意回答问题。

(2)创设良好的情境

访问时要创设一个良好的情境,这一点在以儿童为访问对象时显得尤为重要。

(3)避免任何暗示

提问时要避免任何暗示,因为提问者无意识的面部表情或体态语言都会影响访问对象的回答。

(4)耐心倾听

要耐心倾听回答,持"虚心请教""共同探讨"的态度,提问时要给回答者留下思考的时间,不要急躁,更不能随意打断对方的回答。

（5）了解访问对象

选择访问对象时,要考虑到访问对象能否提供有价值的事实材料,是否乐意回答所提出的问题,对访问对象的经历、地位和个人特征等最好事先有所了解。

（6）确定时间和地点

访问的时间和地点以尽可能不影响访问对象的工作、学习为前提。

（7）做好谈话记录

要准确、及时地使用代码做好谈话记录。

（三）问卷

问卷法是研究者把要研究的主题分为详细的纲目,拟成简单易答的一系列问题,编制成标准化的问卷,来搜集研究对象的有关数据资料,进行统计分析,得出结论的一种研究方法。

1.问卷法的特点

（1）简单易行,省力、省钱、省时。

（2）既可以由研究者负责进行,也可以委托有关部门进行,还可以邮寄进行。

（3）其调查样本可大可小,不受人数限制。

（4）标准化程度较高,获得的资料适于量化处理,便于统计分析。

2.问卷法的不足

（1）对于研究对象的回答无法做深度研究。

（2）问卷法是自陈式的量表,它的信度和效度较难保证和检验。

（3）发出的问卷常常无法全部回收,回收的问卷太少,会影响调查的效果。

3.问卷的一般结构

（1）标题

标题是研究课题高度、简洁的概括,它既要与研究内容一致,又要注意对被试的影响。

（2）介绍词

介绍词又称指导语，在问卷的开头或问卷调查之前对该调查的内容、要求、填写规则、有关指标计算方法和注意事项等做出简明扼要的说明。

（3）问卷题

问卷题是问卷的主要部分。问卷编得好坏与调查质量有密切的关系。问卷包括问题和答案。

4.问卷的形式

（1）开放式问卷

开放式问卷是指由被试对象自由陈述、自行填写答案的问卷。

优点：可以用于探索性的教育调查中，因为开放式问卷可以得到许多令研究者感到意外的答案；可以给被试对象以更多的创造性和主动性，从而增强其与研究者的合作，使研究者对问题获得比较深入的了解；特别适用于那些不能简单化为几个小问题的复杂问题。

缺点：可能导致搜集到与研究课题无关的资料，因为回答者所发表的意见和看法不一定与所问的主题相关，无法排除相当多的无价值的不确切的答案；得到的回答无法保证标准化，因此难以进行量化处理和比较；回答者需要花费较多的时间和精力，容易引起拒绝回答，影响回收率。

开放式问题在问卷中占很小的比例，只有当问题有多个答案或想让被试对象自由发挥的时候，才设计这类问题。在实际教育研究中，要根据被试对象来确定是否采用或采用多少开放式问题。如被试对象是中小学生，尤其是中低段学生，应尽量避免使用这一类型的问卷。

（2）封闭式问卷

在封闭式问卷中，要求调查对象从问卷中选择已经列出的，并认为是合适的答案。封闭式问卷也称定案型问卷。封闭式问题通常有以下几种：

1）是否式。亦称为判断式。这种形式只提供两个反映项目，让调查对象选择其中一个，如"是"与"否"，"同意"与"不同意"，"赞成"与"不赞成"，等等。

2）选择式。有单选与多选之别。这类问题要求调查对象在问题中的若干个备选答案中选择一个或几个合适的答案。

3)编序式。这类问题要求调查对象将答案按自己认为的重要程度编排顺序。

4)等级式。这类问题列出某种倾向、态度等两个对立的概念,中间分成若干等级,要求调查对象选出其中符合自己倾向的级点。等级可用线段、文字或数字表示。

5)数量式。这类问题要求调查对象在问题列出的几个定距数据中,选择其中的一个。

优点:答案标准化,因而所得的资料易于统计分析,可以在不同的调查对象之间进行比较;所问的问题和答案具体明确,易于回答,所得资料可信度较高,有助于提高回收率;答案比较完整,因此可以减少不相关的回答或无效答案,搜集的资料利用率较高;简单易行,省时省力。

缺点:对问题的答案进行了限制,没有给回答者留有发挥创造性和主动性的机会,研究者很难深入发现新的问题;容易造成回答者由于对问卷试题不清楚、不理解以及对该问题没有什么看法等原因而应付作答;回答者可能因没有适合于他们的答案而不作答。

(3)综合式问卷

在综合式问卷中,由于调查者没有全部想到,或需要留有一定余地让调查对象补充写出,往往设置有"其他(请做具体说明)"一栏。这是一种折中的形式。

5. 问卷的设计

(1)准备阶段

在编制问卷之前,必须根据研究目的,详细列出问卷所要搜集的资料,了解国内外对所研究问题的研究动态和研究现状,初步确定自己的研究思路和突破口,学习有关理论及编制问卷的技巧知识。

(2)设计编制问卷阶段

这一阶段是问卷调查的核心阶段,关键是问题的编排和设计。在编制问卷时要做好三方面的工作:①根据研究思路确定问卷的格式、问题的形式、问题的数量、答案的格式以及定量分析或定性分析的手段和方法;②根据研究的目的、意义及所研究问题的难易、敏感性程度,写出标题、介绍词等;③设计出一个个具体问题及答案方式。

（3）试测和修改阶段

试测的目的是了解问卷的可行性及要如何修改,并发现问题。试测对象的特征要和正式使用问卷的对象特征接近。试测后,要及时对问卷的题目逐一加以检查,从而进行修改和补充。修改时最好请对编制问卷有经验的或对某一研究问题有充分认识的人员提供修改意见,作为修改问卷的参考。

6. 问卷的实施

（1）调查对象的选取

一般可以采用抽样方法。由于问卷的回收率的问题,选取的调查对象应多于要研究的对象。通常可用公式计算:

$$调查对象=研究对象/回收率×有效率$$

（2）问卷的分发和回收

一般有邮寄和团体试测的方式。邮寄回收率较低,周期较长;团体试测可以减少不必要的干扰,回收率和有效率都较高。

（3）问卷结果的处理

就是对回收的问卷要逐一进行检查,分类整理,剔除无效问卷,最后进行编码和数据统计处理。

(四)填调查表

1. 调查表的含义

调查表是研究者对调查对象进行登记并分析研究的一种方法。与问卷法一样,都是研究者搜集资料的一种手段。调查表侧重于事实及数字材料的搜集,问卷法则侧重于意见的征询。调查表既可以由调查对象亲自填写,也可以由别人代为填写,而问卷一般由调查对象亲自填写。

2. 调查表的运用

运用调查表的关键在于调查表的设计。调查表有"单一表"和"一览表"两种。单一表是在一张调查表上只登记一个调查事项的内容(如关于某地教师学历的调查),一览表则是在一张调查表上登记若干个调查事项的内容

（如关于某校教师教育科研情况的调查）。

3.编制调查表的注意事项

（1）表的标题应简明醒目,使人一目了然。

（2）表的大小能容纳所有项目,并便于携带和回收管理。

（3）表的项目根据调查要求设置,并做系统排列,留有足够的空白以便填写。

（4）有相互参证的调查项目。

（5）表尾应有填写调查单位、调查员及调查者、填表日期等空白处。

（6）调查表应附有"调查说明",说明调查的目的、意义、填表的要求、具体指标的计算方法、填表的注意事项及回收日期等。

三、调查的步骤

（一）调查前的准备工作

调查前的准备工作是整个调查工作的基础,直接影响到调查工作的成功与否。主要有以下几项:

1.确定调查课题

调查题目的确定,简单地说就是要弄清楚调查的目的及要解决的问题。确定课题时必须遵循以下原则:

（1）目的性原则

目的性原则即要明确调查要达到的目的,回答和解决什么问题,探求什么变量。目的不明确或毫无目的的调查将失去其调查研究的意义,也将造成极大的浪费。

（2）价值性原则

价值性原则即要考虑调查课题有没有理论价值和使用价值。其价值应以是否有利于丰富和发展学科教育理论、解决学科教学的实际问题为衡量标准。

（3）量力性原则

量力性原则即调查课题和调查范围的大小,要根据实际情况而定。调查课题在不违反价值性原则的前提下,可以选择小一些的调查课题,调查范围要适中。

2. 选取调查对象

调查对象是指被调查的单位或个人。调查对象的选择直接影响到调查结果的质量,因此被选取的调查对象必须具有代表性和典型性,同时要考虑普遍性。

3. 草拟调查研究提纲

草拟调查研究提纲就是确定研究项目,它是搜集调查资料的依据。调查提纲实际上也是调查报告的梗概,其内容应是研究课题所需要的。

4. 制订调查计划

调查计划就是调查工作的程序安排。包括:①调查课题和目的;②调查对象和范围;③调查时间和地点;④调查的方法和手段;⑤调查的步骤和日程;⑥调查组织安排及人员分工;⑦调查经费的安排;⑧调查资料整理及统计;⑨调查报告完成日期等。调查计划要尽量详细、周密,切合实际,并根据实际调查情况进行必要的修改。

5. 调查工作的组织领导

对于较大规模的调查,必须注意调查工作的组织领导。对于个人或几个人合作的调查研究,不必拘泥于一定的组织领导。

(二) 实施调查,收集资料

搜集资料就是在教育调查过程中,采用各种调查方法来获取材料,它是调查研究过程中关键的一步。

调查资料包括书面资料、口述资料和事实资料。书面资料包括学校行政档案,教师业务档案,学生的学习档案及各种表、簿、册等。口述资料来自调查对象的口述材料。事实资料是调查者在调查过程中观察所得的各种教育现象的事实材料。

搜集资料要求全面、系统、客观、真实。在搜集资料时,要尽可能保持材料的客观性,不能附带调查者的观点。应采取各种手段和途径,从不同角度和侧面,不同层次和环境来广泛搜集材料。同时调查者要善于辨别材料的真伪,做到实事求是。

(三)整理、分析调查资料

通过各种方法搜集到的材料称为原始资料,必须加以整理、分析,使之达到系统化和条理化,以便于调查研究者把握材料之间的相互联系,发现教育现象之间的联系和规律,找出存在的问题。

资料按其性质可分为叙述性资料和数量性资料。对于叙述性资料,整理是指在经过归纳后用较流畅的文字予以表述;对于数量性资料,整理则表现为用统计法、列表法或图示法等予以展示。

资料整理的步骤一般分为以下四步:

(1)检查

检查所搜集资料的完整性、一致性和可靠性。完整性指资料是否齐全,检查调查项目是否有遗漏及缺访、漏访等。一致性指材料的记载方式、度量单位、填答、记录方式和方法是否一致。可靠性指对材料的真伪和准确程度进行鉴别。

(2)汇总

把搜集到的零乱、分散的原始材料进行归类分组,进行汇总统计。

(3)摘要

在调查资料的整理过程中,有系统地摘录那些内容丰富、生动具体、典型突出的原始材料,使资料分析不局限于几个抽象数据。

(4)分析

对调查资料的分析是为了更好地认识教育现象或对象及其关系。调查资料的分析,应从定性研究和定量研究入手,两者相互结合,既从数量方面对事物进行统计分析,掌握数量特征和变化,又进行理论分析,以便更好地掌握事物的性质、特征及其变化的规律。

(四)撰写调查报告

调查报告是调查研究的总结,也是调查研究工作成果的表现形式,它不是一般的工作总结,需要明确、具体而又简洁地介绍整个调查的实际情况取得的成果。

调查报告一般分为导言、正文、结论三部分,一般包括以下内容:①题目;②该调查的目的、意义,必要时做背景介绍;③调查对象的范围及选取方法;④调查的方法、内容、要求及步骤;⑤调查资料的整理及分析结果;⑥结论与建议。

要保证调查报告的质量,关键在于:

(1)研究者是否能从调查的资料中通过归纳、分析和比较找出问题,并做出科学的分析。

(2)从大量的事实中找到带有规律性的东西,从而使经验上升为理论。

(3)提出有益于改进教育工作、提高教学质量的建议。

四、实施调查法应注意的事项

1. 要努力保证调查的真实性、准确性、全面性和新颖性

(1)真实性

真实性是调查研究的生命,离开真实,调查研究就毫无意义可言。要使调查研究具有真实性,一是要明确调查研究的目的;二是要有一个科学的态度;三是要正确运用调查研究的方法。

(2)准确性

准确性是衡量调查研究的一个标志。要做到准确性,除了调查研究者在概念体系、指标设置和统计数据上力求精确外,更重要的是要有"求准"的思想,要摒弃想当然、模棱两可的不良习惯。

(3)全面性

全面性要求用多种思路、多维视角,多侧面、多层次地搜集资料,要使搜集的资料尽可能全面、客观。在分析整理资料时要有辩证思维与求异思维。

(4)新颖性

新颖性要求勇于创新,包括课题的选择、方案的设计、思路的确定、方法手段的运用等,既要符合科学的要求,又要具有独创的思想,体现调查研究的生命力。

2. 要重视定量分析

只有注意事物的数量方面的特征,注意事物的质量界限,才能得到科学

的结论,才有说服力。对于所取得的非数据性资料,若有可能,则运用测量统计的方法将它们转换成数量资料。

3.要注意正确解释调查结果

在解释调查结果时,要避免以下两种常见的错误解释:

(1)避免将样本结果不恰当地推广到总体上去

要把抽样调查的样本结果推广到总体上去,其前提是样本能够代表总体,如果样本抽样方法不当或样本不够大,这样就不能产生与总体一致的结果。即使样本能够代表总体,也有可能产生各种偏差。在统计学上,至少要对差异情况做显著性检验。因此,把样本的结论推广到总体,必须十分慎重。

(2)避免将相关关系不正确地解释为因果关系

在调查研究中,某种现象与另一种现象相伴而生,它反映了两者的相关关系,但不能简单地解释为因果关系。调查的结果,只是提供了一种假设基础,是否具有因果关系,则需要通过实验法予以验证。

第四节 教育观察研究

一、观察法概述

(一)观察法的概念

在心理学上,观察是人们对现实对象直接认识的一种主动形式,是有目的、有计划的知觉。对于教育研究而言,观察法一般指的是人们有目的、有计划地通过感官和辅助仪器,对处于自然状态下的客观事物进行系统观察,并对其进行分析研究,从而获取经验事实的一种科学研究方法。这里所谓的"有目的、有计划",是指根据科学研究的任务,对于观察对象、观察范围、观察条件和观察方法做明确的选择,而不是观察能作用于人感官的任何事物。所谓的"自然状态",是指对观察对象与发生的情景不加控制、不加干预、不影响其常态的状况。可以看出,一切观察都含有两个因素,既感官知觉因素(通常是视觉)和思维因素。①

对于教育科学研究而言,这里所提到的观察法属于一种科学的观察法。科学的观察法源于日常观察法,却又高于日常观察法。科学观察与日常观察的共同之处是都在自然条件下感知对象,但是科学观察并不是指人们对观察的一般理解,即不仅仅是"仔细察看",而是在自然存在的条件下,研究者凭借自身的感觉器官和其他辅助工具,有目的、有计划地考查学生或教育现象等研究对象的一种研究方法。可以说,有目的、有计划地选择特定的研究对象,并做严格详细的观察记录,这是科学观察与日常观察的主要区别。

(二)观察法的特点

1.能动性

英国著名科学家贝弗里奇指出:"所谓观察,不仅止于看见事物,还包括思维过程在内。"科学的观察不是一种简单反射式的感觉,而是一种能动性的感性认识活动,是研究者根据需要有目的、有意识地进行的一种活动,因而是自觉的、主动的,而不是盲目的、被动的。为此,在观察之前,应根据研究任务,制订好计划,包括确定观察对象、观察条件、观察范围和观察方法,以保证观察有目的地进行。在观察中,做到既要按原计划进行,又要根据情况的变化对计划做适当的调整,做到充分发挥观察者的主观能动性,从多变的现象中捕捉到有价值的信息。

2.选择性

科学的观察并不是一般地认识现象和事实,而是从大量客观事实中,选择观察的典型对象、典型条件、时间、地点,获得典型事物的现象和过程。因此进行观察时要求观察者将自己的注意力有选择地集中在某一观察对象上,同时尽量排除外界无关刺激的影响,始终和有意注意结合在一起,这样的观察才能获得预期的成效。

3.客观性

由于观察所获得的事实材料是认识事物的依据,是科学研究的基础,因

---

① 李志欣,刘高珊.中小学教师教科研的真实样态[J].师道,2019(3):53-55.

此观察所获得的现象和过程要能够如实地反映客观事实,做到实事求是。在观察中要做到客观性,首先要确保观察在自然存在的条件下进行,绝对不能影响被观察者的常态。同时在观察过程中,要如实地反映现实情况,观察者绝不能带有任何感情色彩,不允许掺杂个人的偏见,否则就会掩盖了对观察对象情况的真实反映。有时,可根据实际情况,对于被观察的现象或过程在重复出现的情况下,进行反复的观察,目的是获得比较科学、客观、准确的研究资料。当然,对于那些稍纵即逝的现象和过程,则不适于单独用观察法去研究。因为在这种情况下,观察者是无法复核和确定观察结果是否正确的。

(三)观察法的优缺点

观察法是中小学教育科学研究中的一种基本研究方法,它可以直接从生活中取得材料,获得的材料也比较充实、比较客观,能够保持被观察行为的自然性和客观性。同时它不受条件环境和设备的限制,可以随时随地加以运用,随时随地进行,具有较明显的优势特征。

1. 优点

(1)观察是获取原始资料的最基本的方法

观察就是对教育现象发生发展的具体过程进行细致的系统记录,使研究者获得最原始的资料,是其他一切科学研究的基础。例如皮亚杰在对儿童进行液体守恒定律实验的同时,又运用观察、谈话的方法。他在儿童面前呈现两个相同的玻璃瓶,放上同样数量的水。然后把其中一瓶水倒在高一点、窄一点的一个瓶子里,另一瓶水倒在矮一点、粗一点的一个瓶子里,再问这两瓶水是否一样多。3岁的小朋友说不一样多,因为这瓶水高,那瓶水矮;6岁的小朋友说一样多,因为这瓶水高,可是窄一点,那瓶水矮,可是粗一点。这说明6岁儿童已经从二维角度看问题,具有补偿性。6岁孩子又补充说明,"把这两瓶水倒回原来的瓶子里,水还是一样高","这两瓶水就是原来的两瓶水",这就是可逆性与同一性。可逆性、同一性、补偿性是思维守恒性的三个主要特征。皮亚杰正是通过观察和谈话证实了6岁儿童的思维已经具有守恒性。

(2)观察是课题选择和形成的重要来源,是发现问题、提出问题的前提

在教育科学领域中有许多有待研究的新问题,研究者只要善于洞察和捕捉,进行深入思考,就能透过现象发现和提出新问题。例如杭州市天长小学课题组在对新入学学生学习生活行为表现的观察中,提出了"幼小衔接"的研究课题。

(3)观察是验证理论的重要手段

教育科研结果的有效性与教育科学理论的正确性,可以通过多种方法进行验证。观察是检验科研结果可靠性和科学性的重要途径。尤其是某些暂时难以通过测量或实验进行验证的项目,更需要观察。爱因斯坦说过:"理论之所以成立,其根源就在于它同大量的单个观察关联着,而理论的'真理性'也正在此。"例如要检验数学课的"质疑教学"模式是否确实调动了学生学习活动的积极性和创造性,就可以通过对课堂上学生听讲和回答问题时的反应的"大量的单个的观察"来加以验证。

2. 缺点

(1)被观察的对象受到限制

由于观察对象研究的多是表面现象,它不能改变观察情境,不易把握观察进程,对其结果也不用做统计处理,因此观察样本和观察范围相对较小。只有当研究目的是描述对象在自然状态的具体表现,需要对正在进行的教育教学活动的过程做出描述时,或者需要获得研究对象或事态变化过程第一手资料时,才适合用观察的方法。如研究中小学生的同伴交往特点、研究中小学生的课堂表现等活动,就比较适合用观察法搜集材料。但是对于研究对象总体比较大、研究时间较长时不宜甚至不能用观察法。至于一些较敏感的问题,也不适于用观察法。

(2)观察的过程缺乏控制

在真实的教育情境中,观察者往往对可能影响观察对象真实情况的外部无关变量难以控制。对于一些教育现象,如师生的情感关系,教师教学风格的观察结果则较难用数量表示,从而影响研究结论的说服力。再加上由于感官是有一定阈值的,受人的生理的局限,所以人们常常只能凭感官对观察对象做出大概的估计,从而使观察的精度受到局限。同时在观察中,由于观

察者处于被动的观察地位,所以观察者不能改变观察情境,缺乏数据证明。

(3)观察的结果受到局限

由于方法本身的特点,观察法常常只局限于了解表面的现象,难以分辨是偶然的事实还是有规律性的事实。对于处在不断运动变化中事物的现象或过程,人们也常常观察不到。由于观察法只能观察到"有什么""是什么",难以得出"为什么",所以说,研究结果具有表面化而不够深入的特点。同时,观察者对所获材料的解释,也往往容易受观察水平的局限而带上主观色彩。因此,观察法主要用于对事物外部现象和外部联系的直接认识,而不宜用于对问题的内在核心事物之间内在联系方面的研究,要证实内在联系的存在,还需用实验等其他方法进行研究。

鉴于观察法的局限性,我国学者陈向明教授指出,一般来说,观察法不适用于如下情况:①对研究对象进行大规模的宏观调查;②对过去的事情、外域社会现象以及隐秘的私人生活进行调查;③了解被研究者的思想观念、语词概念和意义解释;④对社会现象进行因果分析。这需要我们全面地、辩证地看待观察法,把握观察法的本质特征。

(四)观察法的类型

从不同的角度进行划分,观察法可以分为不同的类型。

1. 按观察是否借助仪器划分

(1)直接观察

直接观察是凭借研究者的眼、耳等感觉器官,直接对现象或事物进行感知,从而获得感性材料的方法。如通过听课、参观、参加活动等去获得被观察对象的感性材料。通过直接观察,观察者能够获得直观、具体、生动的印象,容易形成对事物的有机整体性认识。但是其缺点是由于受人体器官的限制,有一些现象无法观察到,致使被观察现象不能被完整地保存下来。同时,直接观察如随堂听课活动本身也会影响观察对象的活动,从而影响到搜集资料的客观真实性。

(2)间接观察

间接观察是利用仪器或其他技术手段对事物或现象进行观察的方法。如通过仪器记录的照片、录音、录像等资料,去获得感性材料。间接观察的优点是能够克服人类感官的局限性，使获得的感性材料更加全面、精确。同时观察者的观察活动本身也不影响被观察者的活动。但是其缺点是，由于观察者缺乏身临其境的感觉，使得观察获得的资料欠生动、直观，进行间接观察的操作也比直接观察麻烦。

2. 按观察实施的方法划分

（1）结构式观察

结构式观察是指观察者根据事先设计好的提纲并严格按照规定的内容和计划所进行的可控性观察。它的特点是有明确的观察目标、结构严谨，计划周密、观察过程标准化，能够获得大量确定和翔实的观察资料，并能对观察资料进行定量分析和对比研究。但采用这种方法进行观察往往缺乏弹性，比较费时，容易影响观察结果的深度与广度，多用于验证性的研究。

（2）非结构式观察

非结构式观察则是一种开放式的观察活动，只有一个总的观察目的和要求，或一个大致的观察内容和范围，但没有详细的观察项目和指标，亦无具体的记录表格，可根据实际情况随时调整观察的计划和内容。它的特点是观察时弹性大，随意性大，因而，这种观察方法的适应性强，而且操作简单易行。但是用这种方法收集的资料较零散，整理难度大，不容易进行定量分析，得不出断然的结论，多用于探索性的研究中。

3. 按观察者是否直接参与被观察者所从事的活动划分

（1）参与性观察

参与性观察指观察者直接参与到被观察者的活动之中，从而系统地收集资料，达到观察目的的一种方法。参与性观察根据参与的程度又可分为完全参与观察和不完全参与观察两种。

1）完全参与观察。完全参与观察是一种隐蔽参与观察法，指观察者隐瞒自己的真实身份和研究目的，自然加入被观察者群体中进行的观察，其目的是不影响被观察者的行为表现，如以任课教师的角色进入课堂观察学生的行为。完全参与观察的优点是观察者参与到被观察者的工作、学习以及生活当中去，与被观察者建立比较密切的关系，缩短观察者与被观察者的心理距离，在相互接触与直接体验中倾听和观察被观察者的言行，可以使观察不只停留在外部可见、可测的现象上，而是深入事物的内部结构与状态，发现非参与观察所不可能发现的问题。存在的缺点是观察者容易成为左右活动的人物，或带有偏见，有时也会以自己的感受代替观察对象的感受。

2）不完全参与观察。不完全参与观察是指观察者不隐瞒自己的真实身份和研究目的，在被观察者接纳后进行的观察。如参加学生兴趣小组活动时的观察，直接参加学校、班级的活动进行的观察等。在这里，观察者既是研究者又是参与者。不完全参与观察避免了被研究者因心理紧张而产生的疑虑，可以进行自然地观察。

（2）非参与性观察

非参与性观察指的是观察者不直接参与被观察者的活动，而是以旁观者的身份对观察对象进行观察，了解事物发展的动态。在条件允许的情况下，观察者可以对现场进行录像。非参与性观察能够不受被观察者的影响，进行比较客观地观察，使观察对象的活动真实、自然，搜集资料客观，从而提高观察结论的可靠性，也易于获得较为"真实"的资料。如研究者设置一个教育教学活动的场面，借助隐蔽的录音录像设备对学生的行为表现进行观察。但是这种观察方法不介入被观察对象的活动，而是以局外人的身份从外部观察并记录观察对象的行为表现与活动过程，同时观察者由于没有亲身体验活动，所以其内在价值的材料不容易获得，不容易深入了解到被观察者的内部状态。

4. 按观察的情境条件划分

（1）自然观察

自然观察是指对观察对象不加控制，在完全自然条件下进行精心的观察，它包括自然行为的系统现象观察以及偶然现象观察。通过这种观察方法收集到的材料较为客观真实，但对观察对象本质上的东西把握不够。这种观察能系统地记录观察对象的发展性变化，收集到较为客观真实的资料，具有生态效应。但这种观察常常需要花费较多的时间和精力，观察所获得材料往往是观察对象的外部行为表现，难以确定内在的因果关系。另外，观察难免带有主观选择性，只记录观察者感兴趣的行为表现，而忽略一些重要的行为细节。

（2）控制观察

控制观察又称实验室观察或条件观察,指在研究者控制条件的过程中,对现象或行为进行的观察。通常要求观察程序标准化、观察问题结构化。这是按照一系列严密的观察计划进行的,这种观察能捕捉到较为深层次的东西,有利于探讨事物内在的因果关系,能克服因观察者主观选择而产生的误差。但由于对环境条件的人为控制难度较高,实施起来较困难。

5.按对所要观察对象及行为表现的取样方法划分

（1）时间取样观察

时间取样观察是指专门观察和记录在特定的时间内所发生的特定的行为的方法。即在一个确定的较短的时间阶段里,选择一定的行为事件样例或样本进行观察和记录,这种观察法可以随机选择时间,也可以选择可能发生典型行为或事件发生相对集中的时间。对行为的记录不是叙述性的,而是数码性的。例如:一节课内教师提问和学生举手回答问题的次数。

运用时间取样观察法有下列前提与要求:

1)只适用于经常发生的行为,频度较高,一般每15分钟不低于1次。例如"低段中小学生对教师依赖行为的研究"就可以采用此法,但如果是"高中生对教师依赖行为的研究"就不能用。因为高中生对教师的依赖行为毕竟不是经常发生的。

2)只适用于观察外显行为,不宜观察内在行为。例如"中小学生的课堂思维方式研究"就无法用直观的办法看到,也就不能用时间取样观察法。

3)观察者要确定观察目的、观察对象、观察的范围和时间,包括观察记录的格式。

4)观察者对所要观察的行为或事件给予明确的操作定义。

（2）事件取样观察

事件取样观察是指观察者从观察对象多种多样的行为中选出有代表性的行为进行观察,在自然状态下,等待所要观察的行为出现,然后记录这一行为的全貌,包括行为发生的背景、发生的原因、行为的变化、行为的终止与结果等。与时间取样观察不同,事件取样观察不存在遵守时间的问题,着重于行为的特点、性质,而前者着重于行为是否存在,要严格遵守规定的时间。

如研究者了解一名学生读一篇课文的总体情况,包括时间长短、对课文的理解程度、对词汇的掌握等,应采用事件取样观察法,但如了解该生读错字的次数,则应采用时间取样观察法。

运用事件取样观察法的前提与要求是:

1)事件取样观察一般只适用于定性资料,较难顾及定量指标。

2)观察者要事先确定所要研究的行为或事件,确定其操作定义。

3)观察者要选择最有利的时机和场合进行观察。如道维的研究就选择了儿童自由分散活动的时间;而要研究儿童的语言则需选择有成人在场或其他儿童在场的情境下做观察。

4)观察者要事先确定所需记录的资料种类与记录形式。

(五)观察的具体方法

一般来说,观察的具体方法有很多,在教育科学研究中,常用的主要有实况详录法、时间取样法、事件取样法、日记描述法等。

1.实况详录法

实况详录法是在一段时间内,连续地、尽可能详尽地记录被观察对象的所有表现或活动从而进行研究的方法。其目的是无选择地记录被研究行为或现象系列中的全部细节,获得对这些行为或现象的详细的、客观的描述。实况详录法获得的材料是与行为和环境有关的一切信息,其目的是完整、客观、可永久保留地对所发生的行为做描述性记录,具有开放性、非理论性的特点。

2.时间取样法

时间取样法是在一定时间内,按一定的时段进行专门观察和记录观察对象的现象和过程的一种方法。时间取样法将被研究者在每一时间阶段中的行为看成是一般通常情况下的一个样本,然后抽取充分多的时段,通过观察这些时间段中的行为,便可得出规律性的结论。如选择每周二、四、六的上午第一节课,就教师提问和男女学生举手回答问题的次数加以记录,来研究男女学生的成就动机问题。像进行课业负担现状的观察,在校内就选择下课时间、午休时间和下午课余时间进行观察,统计和记录这些抽样时间内在教室里做作业的人数,从而做出分析判断。时间取样法能够使观察过程本身与资料分析过程简化,并且能够收集到关于行为频率的资料,提供定量结果,对检验假设有一定的价值。但是时间取样法首先仅适用于研究经常发生的行为,对于15分钟内不易出现的行为不适用;其次仅适用于观察外显的行为,如儿童遵守纪律情况、儿童分享行为、儿童依赖行为、师生交往活动类型等,不宜观察内在行为,如同情心、成功、思维、想象等;最后,采用这种方法所得的材料往往还只能说明行为的某些特性(如频率),而难以得到关于环境、背景的资料,难以考察行为的相互关系和连续性,故很难揭示因果关系。

3. 事件取样法

事件取样法是根据一定的研究目的,以事件为单位进行观察,了解某些特定行为或事件的完整过程而进行的研究方法。事件取样法不受时间间隔与时段规定的限制,其研究的是特定类别的完整行为事件,测量的不是限定时间单位中的行为表现,只要所期待的事件一出现,便可记录。如对低年级中小学生的告状行为进行研究,每当中小学生出现告状行为时,就进行观察,来分析中小学生告状的原因、表现,为以后提出相应的解决策略奠定基础,这种观察就属于事件取样法。记录方法可采用行为分类记录系统与对事件前因后果及环境背景等的描述性记录结合起来使用。事件取样法既可做预先的计划安排与准备,获取较为有代表性的行为样本,又能够在一定程度上保留行为的连续性与完整性,还可得到关于事件的环境与背景资料,因此可用于对比较广泛行为事件的观察。其主要局限性在于由于儿童在不同的时间场合下发生的同类行为,有时可能具有不同的内在含义,因此结果可能缺乏测量的稳定性。因此,运用事件取样法应特别注意记录与分析行为事件发生的情境与背景。

4. 日记描述法

日记描述法又称为儿童传记法,它是在对同一个或同一组儿童长期反复的观察过程中,以日记的形式对儿童的行为表现进行描述的方法。使用日记描述法最早的是1774年裴斯泰洛齐的《一个父亲的日记》。达尔文的《一个婴儿的传略》,儿童心理学创始人普莱尔的《儿童心理》,皮亚杰的《儿童心理学》,我国教育家陈鹤琴的《儿童心理之研究》,都是用日记描述法对儿童的发展进行研究的。日记描述法通常分为综合日记法和主题日记法两种。

（1）综合日记法

综合日记法常用于记录儿童发展过程中出现的新的行为表现及各方面具有里程碑意义的新动作和行为现象。

（2）主题日记法

主题日记法主要侧重记录儿童某方面的新发展，如认知发展、情绪发展、言语发展、个性发展等。

日记描述法一般适用于个案研究，在观察者与被观察者关系较密切或接触频繁时也通常运用。日记描述法能够记录少数对象详细而长期的资料，方便易行，获得的资料一般较真实可靠。但是由于日记描述法主要是对个别（或少数）对象的日常观察，只能说明少数儿童的特点与情况，缺乏代表性，所以难以做出有意义的概括。另外，此法要求观察者持之以恒，长期跟踪观察，需要花费大量的时间和精力。

二、观察法的实施

（一）观察法的运用领域

观察法在中小学教育教学和教育科学研究的许多领域中得到了广泛的运用，并发挥其作用。观察法的适用领域大致有以下几种：

1.学生的学习、生活、娱乐等方面的情况

包括学生的学习时间、学习习惯，学生的生活自理能力、心理状况、消费状况，学生的课外时间、空间的安排，学生在活动中的表现和感受，对不同活动的选择倾向等。

2.教师的教育、教学活动

包括教师在课堂教学中的活动情况，教师德育工作，教师作为班主任的教育活动等。

3.学生与教师的关系

涉及教师对学生的态度（民主、严格、专横等），学生对教师的态度（亲

近、疏远、钦佩、敬畏等），教师教育行为与学生行为表现之间的关系等。

4. 学生或教师的群体氛围

包括凝聚力、离散倾向、人际关系等。

5. 学校管理

包括学校常规管理、学校办学特色、改革举措等。

6. 其他教育因素的影响

包括不同教材、教学手段、校园环境对学生的影响等。

在具体应用中，观察法往往不是单独发生作用，而是与其他研究方法一起协同作用；教育观察法的成果也往往不是单独发挥某项作用，而可以综合发挥出多种功能。如"游戏在中小学数学教学中的作用"的研究，观察法可以验证实验成果，但必须与实验法一起协同作用。观察的结果也不仅仅验证游戏可以调动学生学习积极性这一实验假设，还可以检验把适度的游戏引入中小学数学教学在开发学生智力等方面的功能。

（二）观察法的设计

不同类型的观察法所需的设计有不同的特点，但在下列方面则是共同的。

1. 明确观察目的和内容

根据课题研究的任务和研究对象的特点，确定该观察的子目标。对于观察中要了解什么情况，搜集哪方面的事实材料，都要做出明确的规定。在此基础上，确定观察内容。

合格的观察内容除了要能准确地反映、体现或说明观察目的、确定观察对象外，还要能够被操作。即观察者能观察到应该观察到的行为或事件。因此，要明确界定观察内容在具体场景中的实际表现，包括行为表现、事件发生发展的标志等操作性定义。例如美国社会学家贝尔斯对小群体的互动行为的研究，一是应准确地理解什么是"互动行为"，其内涵与外延是什么；二是要说清楚"互动行为"的具体表现。人们可以从社会情感部分和工作任务部分加以观察。贝尔斯又详细给予这两部分以操作性定义。例如社会情感部分的消极情感，其外在形态被定义为分歧（不同意、消极拒绝）、紧张、对抗(表示反对、贬低他人,进行自卫)等三方面。

2. 大略调查和试探性观察

目的在于掌握情况,对所要观察的对象和内容有个最一般的了解,以便正确地计划整个观察过程。例如,要观察某校青年教师的教学工作,就应当预先到学校了解这些教师的工作情况、学生的情况、有关的环境与条件等,还可以向有关人员访谈,以及查阅一些资料等。

3. 选择观察方法

不同类型的观察法各有其优缺点,具体的观察内容和相关的客观条件也各不相同。观察者要结合具体情况,选择最有利于获得真实的信息的最简捷的观察方法,从而经济、有效地获得科学的结论。

4. 编制观察记录表

观察记录是确保观察到的事实材料准确客观的重要一环。为使观察记录全面、系统和准确,就要编制观察记录表。一份好的观察记录表至少具有两方面的功能。一是实施功能。观察可依据记录表合理分配注意力,按要求实施。观察者不至于遗漏重要内容或注意与研究课题无关的内容。二是记录功能。观察者系统地记录下观察资料,便于研究者进一步地分析与整理。观察记录是录音或录像所不能代替的。后者只是观察者研究查询的杂乱的、最原始的资料,没有实施与记录功能。

观察者应该从实际出发,依据不同的研究目的和观察类型,编制出有"个性"的观察记录表。例如,若采用时间取样观察法,则应对在特定时间内观察对象可能有的行为事件做尽可能全面的预计,并设计在记录表内。

(三)观察法的实施步骤

在明确了课题研究目的,确定了观察对象、观察地点、观察方法和记录观察结果的手段以后,实施观察主要有以下几点:

1. 训练观察人员

有些研究项目的观察对象较多,观察时间较长,为了提高研究的效率,确保如期完成研究任务,可以由数名乃至数十名或更多的观察人员分工负责,共同完成观察任务。但并不是任何人都能承担观察任务的,对观察人员的要求是：

(1)能准确理解课题研究的背景与目的意义。确切地把握将要进行的观察的目标。

(2)熟悉所采用的观察方法的特点、观察过程和技巧。

(3)掌握观察内容，熟悉其操作性定义，会快速准确地记录观察结果。

为此，应对观察人员进行知识培训和实践培训。一般来说，只有当不同观察人员的观察一致性达到80%以上时，培训任务才可告结束。

2. 获准进入现场

教育观察大多是在行为或事件发生的现场进行的，在很多场合下属于现场观察的范畴。要获准进入现场实施观察，观察者要做到三件事：

(1)备有可信的证明文件，使观察对象相信观察者具有合法的身份和合理的研究目的。观察者应属于某个正式单位(如研究单位、师范院校、中小学等)，并由该单位确认其观察任务；同时，观察人员最好有合法的、能证明自己身份和观察研究目的的文件或证件。当然，教师若对自己工作范围内的对象进行观察，是不会存在什么问题的。

(2)了解观察对象的风俗、习惯等文化背景，使研究者消除对观察对象的"陌生感"。

(3)与观察对象建立友善关系，使观察对象乐意接纳观察者，乐意为观察者提供必要的条件，最好能在得到允许的基础上取得有关人员的积极配合。

3. 实施观察

实施观察是观察的核心阶段。应做到如下几点：

(1)严格按计划进行，观察时目的必须明确，不超出原定范围。但如果原定计划确有不当之处，或观察对象有所变更，则应随机应变，务求妥善地完成预订任务。

(2)选择最适当的观察位置。要保证所要观察的对象清晰地落在观察者视野之内，同时不要影响观察对象的常态。

(3)要辨别重要的和无关紧要的因素。资料的重要与否是与它对完成研究任务的作用大小成正比的。

（4）要善于抓住引起各种现象的原因,在观察过程中保持思想和注意力的高度集中,每当一种新现象出现,都能找出引起它的原因。

（5）要把观察的焦点放在观察对象的活动及其引起的反应上。例如教师的活动及其引起的学生的反应,一些学生的活动引起另一些学生的反应等。

（6）应着重注意一贯性的东西,但也不能忽略偶然的或例外的东西。后者虽然往往是无足轻重的,但有时对全面正确地了解观察对象也是很重要的。

（7）在某些情况下,借助照相机、录音机、摄像机等设备,可以使观察更加精确。

（8）范围较广或较复杂的观察可以分小组进行,小组间应有明确的分工要求、统一的操作规范与标准。

（9）对同一事物,有时有必要在类似情境或不同情境下进行反复的细致的观察。

4.做好观察记录

做好观察记录实质上是实施观察的一部分,是确保观察到的材料准确、客观的重要一环。要讲究观察记录的方法,力求系统、准确。

（1）尽可能详尽记录客观事实,避免主观性记录

观察时要注意以下6个方面的记录:

1）谁:行为者和行为对象。

2）何地:行为或事件发生的场景、地点。

3）何时:日期、时间。

4）何事:什么行为或事件。

5）怎样:行为或事件的具体表现及过程。

6）为什么:行为或事件的原因。

（2）选择合适有效的记录方法

记录观察材料,一般有三种方法,即评等法、频数记录法和连续记录法。

1）评等法。对观察对象所表现的特征,按所属等级在表格中画圈或其他记号。

2)频数记录法。以符号记录对象某项行为出现的次数或数量。

3)连续记录法。用笔记的方法在现场做连续记录,也可用录音机、摄像机等将整个过程加以记录,事后再转记到笔记本上。

5.资料的整理与分析

(1)资料审核。对资料是否有助于达到观察目的,资料的准确性、完整性进行审核。

(2)资料归集。根据观察目的确立相互排斥和详尽无遗的类别以包含所有资料,做到不重复也不遗漏,也可以采用表示历史和现时发展变化的流程图的方法,把资料按事件发生的先后顺序排列。

(3)资料的整理和初步描述统计。

(四)进行观察时的注意事项

1.观察的目的性原则

观察要有明确的目的,要有目的、有计划、有步骤地进行,绝不能凭个人的兴趣行事。

(1)要按照研究目的设计出完整细致的观察方案,经审定后严格执行之。

(2)要按照研究目的认真选择典型的观察对象,避免以偏概全,同时要考虑对象的能见度。以此为基本的出发点去选择最佳的观察时间、观察角度、观察手段和方法。

例如对中小学生学习态度和学习精神现状的观察,由观察目的,观察者可选择不同类型的学生作为被观察者,选择反映学习态度和学习精神的主要的指标,如时效性、求知欲、创造力、自强性、意志力、学习习惯等为观察对象,主要指标中又选择能见度较高的典型指标如时效性及主要的二级指标,选择观察的时间与地点等。

2.观察的客观性原则

要采取实事求是的科学态度,不能掺入个人的偏见,这样观察到的材料才能如实地反映客观事实。观察的客观性原则要求我们注意以下几点:

(1)坚持在自然条件下进行观察。只有在自然条件下,才能观察到真实的反应。最好被观察者不知道有人在观察自己。如果被观察者意识到自己在被人观察,例如被校长或教师观察,就有可能改变自己的行为,做出某种不正常、不自在的反应,这就是"观察反应性"现象。例如某校曾对一名失足女生进行帮教,帮教她的同学对她言传身教,并对该生的行为表现做详尽的观察记录,一年下来这位同学进步很大。但她很偶然地知道自己成了别人的观察对象,情绪变化很大,认为自己反正被划入"异类",帮教的效果大大降低。

(2)观察者要客观描述观察到的事实,避免"观察者放任"现象。观察者放任即观察者对被观察者某一方面的好的或不好的印象不适当地影响了观察者对被观察者某一方面的评定,甚至不准备再一丝不苟地做详细的观察记录。

(3)观察者要认清假象,避免错觉,有时要做反复的细致的观察。例如某校在对中小学生的心理卫生现状的调查研究中,对两个班的孩子进行观察,发现有名学生经常洗手,便认为这个孩子卫生习惯好。后来在一段时间的反复观察中,发现这个孩子洗手太频繁,不仅下课洗手,玩后洗手,而且洗完手后刚擦干又去洗手。分析其原因,原来当时正是甲肝流行期,孩子是在家长等言谈的影响下患了甲肝恐惧症,不仅不是"卫生习惯",反而属于心理不健康的强迫性行为。

3.观察的全面性原则

只有全面观察事物才能克服观察的片面性,如实反映客观事物的全貌,透过事物现象把握事物的本质。要求做到如下几点:

(1)对研究对象进行周密的全面的观察和分析,把握客观事物的各种因素、各种关系和各种规定。

(2)注意观察的系统性、连续性、完整性,不能随意间断。

(3)尽可能详细地记录观察资料,避免事后因没有记录而影响整体研究。

4.观察的主动性原则

教育观察法是由观察者设计与实施的。观察者的主观能动性是观察研究成败的决定性因素。观察者主观能动性不仅表现在观察的设计或准备中,而且表现在整个观察过程中。观察者应是观察活动的积极组织者,要坚持在科学理论的指导下,主动积极地收集可靠的事实材料,科学解释观察结果,提炼出科学的观察结论。

第五节　教育行动研究

一、行动研究法概述

行动研究法是自 20 世纪 30 年代以来,教育与社会心理学家逐渐使用的一种研究方法。美国社会心理学家库尔特·勒温于 1946 年正式提出这一概念,柯雷是这一方法的主要倡导者,也是他将行动研究法介绍到教育界。20 世纪 70 年代,在一批心理学家的共同努力下,行动研究法逐渐在教育研究领域产生了广泛的影响并成为一种重要的研究方法。这种研究方法引入我国并引起教育界的注意不过是 20 世纪 90 年代中后期的事,经过这些年我国学者的积极提倡,越来越多的教师开始注意此研究方法,并积极将其与自己的教学、研究结合起来。[①]

行动研究关注的不是教育理论问题,而是教育实践者日常遇到和亟待解决的实际问题,特别是实践者对问题的认识、感受和经验。行动研究不仅使教师获得了“是什么”的知识,更重要的是使教师获得“如何做”和“为什么做”的知识,因此,受到了中小学教师的欢迎。

(一)行动研究法的概念

关于行动研究法的概念,目前还没有统一的说法,也有许多变体说法,比如合作研究法、现场研究法、实地试验与作业研究法、合作行动研究法等。尽管说法不一,我们还是可以从各家观点中得到一些共性的东西。比如,行

---

① 姚进,李军玲,唐晶.信息检索在中小学教师教学及科研中的应用探讨[J].学园,2019(19):46-51.

动研究是在实践中提出问题并寻找答案的过程;行动研究中的问题与实际工作紧密相关;行动研究以研究者的日常工作为根据;它与传统的研究不同之处在于它的研究者不是远离他所研究的内容而是参与其中;这种研究是易行的,能重复的。

教师的行动研究与一般所说的着眼于理论层面的研究有所不同,它是基于教师在课堂上遇到的实际问题的研究,它着眼于实际的教学问题。其研究的主体不是受过专门训练的或有研究专业功底的专业研究人员,而是教学一线的教师,而行动研究的结果是一些能改进教学问题的新做法。

所以,我们可以表述如下:行动研究指在教育情境中,由教育实践者(通常是指教师)进行,目的在改善教育专业的实践,采取批判、自省、质疑的研究精神,借以实践其教育理想并获得专业成长与提升的一种研究。

(二)行动研究法的特征

行动研究法强调在实际工作需要中寻找问题,在实际工作过程中进行研究。它是以教师为主体,强调的是教育者和研究者的共同参与,强调的是某一特定问题的解决,强调将改革行动与研究工作相结合,方法上相当于准实验研究。因叙述角度不同,行动研究法可以总结为不同的特征。

1.三特征

有的学者把行动研究法归纳为以下三项主要特征。

(1)为行动而研究

行动研究法打破了传统研究在研究目的上的局限性,其目的不是理论上的产出和普遍规律的发现,不是构建系统的学术理论,而是行动的改进、实践的改进。可以看出,行动研究的目的具有实用性,问题的解决具有即时性的特点。

(2)在行动中研究

行动研究的环境并非经过特别安排或控制的场景,而是实际工作者所处的工作实际情境。行动研究的研究过程,是实际工作者解决问题的过程,是一种行动的表现,也是实际工作者学会反省、提高问题探究与问题解决能力的过程。它使教师在自身的教育教学行动中通过发现问题、分析和研究问题、解决问题,来改进自身工作。它把教育研究和教育行动有效地结合起来。

（3）由行动者研究

行动研究的主体是实际工作者，他们一边工作，一边研究，将研究的结果运用于自己的工作，从而把探索研究结果和运用研究结果结合起来。专家学者参与研究扮演的角色只是提供意见与咨询，是指导者、协作者，而不是研究的主体。

2. 五特征

也有学者把行动研究法归纳为以下五项主要特征。

（1）研究的任务是解决教育中的实际问题

行动研究法关注的不是理论研究者认定的理论问题，而是教育实践者日常遇到和亟待解决的实际问题，是以提高行动质量、改进实际工作、解决实践问题为首要目标。它最大的现实意义就在于可以让教师"理解"在他的实践中有着内在联系的多种要素的含义，从而使他的实践更具理性特征。

（2）研究的人员以教师为主体

行动研究法的实质是解放那些传统意义上被研究的"他人"，坚信教师人人都能做研究，人人都能成为研究者。教师作为教育实践的主体，必须透过研究才能改善教育教学活动。因此，它特别强调实践者的参与，注重研究的过程与实践者行动过程相结合，通过对自己的社会和历史进行批判性探究，他们有能力了解那些深深扎根于他们自己文化群体中的价值观念，并且找到解决问题的答案。

（3）研究的方式是边行动边研究

行动研究是在日常的学校生活和真实的课堂教学环境中进行的、与特定问题相联系的一种方法，其研究的对象多为教育教学实践中的比较具体的微观问题。这样的问题范围较小，结构较简单，相关因素较少。这种研究需要在日常的学校生活情境中进行，强调了教育研究与行动研究的结合，要求研究者应依据行动的实际情况，随时调整计划，完善行动，在良性的变革之中达到问题的解决，使教育教学的工作过程成为一个研究过程，使研究过程成为一个理智的工作过程，有效地弥补了教育研究中理论与实践相脱离的缺陷。

（4）研究的过程具有系统性和开放性

行动研究的系统性表现为行动研究的开展有一般的操作程序,这个过程是一个螺旋式的发展过程,是一个由计划、实施行动、观察和反思四个环节构成的循环往复的运作系统。行动研究的计划有充分的灵活性、开放性和动态性的特点,有时往往不能简单地、集中地表现出计划与结果之间的必然的线性关系,所以需要不断地观察和反思,重视教育改革实验中出现的新问题。依据发展中的实际情况,研究者可以部分修改实施计划,也可以修改总体计划,甚至还可以更改研究课题。也就是说,行动研究要通过研究者行动上的干预来达到对象的改变。行动干预的进程和方法没有一个严格的程序,始终是对行动的诊断和干预。它具有弹性或动态性的特点,由研究者根据情况边实践边修改,边修改边实践,直至达到理想的结果。

（5）研究的方法具有广泛的兼容性

行动研究法不是独立于各种教育研究方法（调查研究法、观察法、比较研究法、测验法、实验研究法、经验总结法、理论研究法等）之外的某种特殊的研究方法,而是在研究中,根据研究问题的性质、研究过程的不同目的（如现状调查、收集实施行动后的有关资料,对实验结果的评价等）及研究者的能力,从已有的各种研究方法中灵活选择有关方法进行研究。像可以运用调查研究法、测验法收集资料,参照实验研究法进行教育实验,运用理论研究法对实验结果加以科学分析和理论概括等,这种多元化的研究方法充分展现了兼容性的特点。

（三）行动研究法的意义

有研究者提出,"教育科学的理想是,每一个课堂都是实验室,每一名教师都是科学共同体的成员",行动研究法正体现了这一理念。"行动研究的开展使研究的主题更贴近教学实际,它必定会使教师在教学中体验到前所未有的乐趣和成就感,利于教师发现并开发自己的无穷潜能。"

1. 凸显了中小学教师是研究主体的地位

教育行动研究把行动与研究结合起来,其实质是"解放那些传统意义上被研究的他人,让他们自己接受训练,自己对自己进行研究"。在教育教学实践中,教师置身于教育情境,处于最有利的研究位置,拥有最多的研究机会。教育实践需要教师解决错综复杂的教育问题,特别是当理论知识比较单纯、概括和简化,且无法与教育实践对接的时候更是如此。行动研究法将中小学教师置身于研究者的身份,并不是让中小学教师像专业研究者那样以一个旁观者的身份对教育进行研究,也不是让中小学教师在办公室里"另起炉灶",把教育教学抛在一边,而是让中小学教师在教育中进行研究,在研究中进行教育,来解决教师在教育工作中所遇到的问题,来改变教师自己独特的教育教学情境。

2. 体现了研究回归教师、回归实践的理念

行动研究法在研究与实践之间搭建桥梁,将研究过程与目标有机结合起来,强调教学行为与科学研究相结合,强调行动过程与研究相结合,目的是提高行动质量,增进行动的效果。因此,它更为关注的是教育的内在价值。这意味着教师在这个过程中,不再是单纯以教育理论工作者构思、设计好的课程达到预设目标的知识传授者,不是只把视野局限在教学内容与手段方法上,而是开始主动关注教育内容的价值与意义,关注教育实践活动对学生身心发展所产生的实际效果,反思自己的教育行为,进而有意识地改善自己的教育行为,为教育活动创设最佳情境。整个研究过程都是在行动之中展开的,始终没有脱离教育的具体情境,并且以行动质量的提高作为检验行动质量的标准,来谋求教育行动的改进。行动研究法体现了重新回归教师、回归教育实践的实践,这正是教师天职得以回归和对教师的历史性补偿,表明了教育研究面向实践的方法论的转向。

3. 提高了教师的反思能力

西雄的研究指出,当一个人在行动中进行反思时,他就成了实践脉络中的一位研究者。不少学者倾向于将反思作为行动研究的本质属性。因为,在行动研究中,研究者通过研究活动对其从事的实际工作进行批判性反思,对行动的过程和行动的效果进行理性思考,进而通过反思开发出行动的新观念和新策略,所以,行动研究法追求的是在行动过程中将理论与实践两者统一起来,以反思为中介,在理论与实践的互动中寻求实践的增进和理论的发展。从哲学的意义上讲,行动研究法体现了认识世界和改造世界的统一,这对改变教育领域长期以来理论与实践相脱离的局面,对于教师获得一种自我反思和自我批判的可持续发展的学习能力,养成一种反思、追问与探究的生活方式有着十分积极的意义。

(四)行动研究法的类型

1. 按照研究的侧重点分类

(1)行动者用科学的方法对自己的行动进行的研究

这种类型强调使用测量、统计等科学的方法来验证有关的理论假设,结合自己实践中的问题进行研究。它可以是一种小规模的实验研究,也可以是较大规模的验证性调查。

(2)行动者为解决自己实践中的问题而进行的研究

这种类型使用的不仅仅是统计数据等科学的研究手段,而且包括参与者个人的资料,如日记、谈话录音、照片等。研究的目的是解决实践中行动者面临的问题,而不是为了建立理论。

(3)行动者对自己的实践进行批判性反思

这种类型强调以理论的批判和意识的启蒙来引起和改进行动,实践者在研究中通过自我反思来追求自由、自主和解放。

上述三种类型分别强调的是行动研究的不同侧面:第一种类型强调的是行动研究的科学性;第二种类型强调的是行动研究对社会实践的改进功能;第三种类型强调的是行动研究的批判性。虽然这些类型强调的方面各有侧重,但在实际研究中,研究者可以根据需要同时体现出这三个方面的特征。

2. 按照参与人员的多少分类

(1)个体研究

个体研究是某一个教师或行政人员针对自己在教育实践中所遇到的需要解决的问题而进行的研究。这种研究方式便于实际工作者紧密结合实际,及时开展有针对性的研究并取得实效。但是这种方式一般只能限于个人力所能及的课题。

(2)小组研究

小组研究是学校内若干教师和行政人员自愿组成研究小组,围绕实际工作中共同关心的某一问题而开展的研究。这种研究方式强调小组成员之间的合作与协调,有利于发挥小组的集体力量和智慧,也可以请专家进行指导,从而克服个体研究的局限性。

（3）群体研究

群体研究是以研究课题为中心任务,由一定的地区或学校的行政领导、教师和专业研究人员共同组成研究队伍,根据教育实际开展专题性或综合性的合作研究。这种研究方式有利于把具有不同能力、不同素养、不同专业、不同知识和经验背景的人员组成一个有机整体,形成浓厚的研究氛围,有利于群体多角度、多内容、多方法地进行探索,有利于理论与实践相结合以实现更大的创新功能。这是行动研究的最高层次,也是行动研究较为理想的典型类型。

（五）行动研究法的局限性

1.普遍性不高

研究的问题或对象通常仅限于本校或本校的某个教学班,表现出较多的某地区的某所学校或教学班的特征,不具普遍性。由于其非正规性而缺少科学的严密性,取样缺乏代表性,其成果的推广性应慎重考虑。

2.可靠性不高

研究的对象多为教育教学实践中的比较具体的微观问题。问题的范围较小,结构较简单,相关因素较少,再加上研究人员强调方法的简便实用,致使研究结果缺乏普遍性和可靠性。研究中对其条件和控制不做说明,致使研究的内部效度和外部效度不高,其结果的准确性、可靠性不够。

3.准确性不高

多数教师未掌握教育科研的基本方法,缺乏科研意识,再加上自己既是教育者又是研究者,较难客观地诊断问题。

二、行动研究法的实施

行动研究和所有的科学研究一样,有一定的程序和步骤,在实施行动研究的具体程序与步骤上有自身的特点。

(一)行动研究的四环节模式

四环节行动研究模式以勒温的螺旋循环模式为基础,是目前行动研究广泛采用的操作模式。勒温认为行动研究的过程是螺旋式加深的发展过程,每一个螺旋发展圈又都包括四个互相联系、互相依赖的环节。这四个环节分别是计划、行动、观察和反思。

1.计划

计划是指以大量事实和调查研究为前提,从现状调研、问题诊断入手,包括总体计划和每一个具体行动步骤的设计方案。比如说,要求研究者弄清楚以下问题:现状如何? 为什么会如此? 存在哪些问题? 关键问题是什么? 它的解决受哪些因素的制约? 创造怎样的条件,采取哪些方式才能有所改进? 什么样的设想是最佳的? 行动研究的进度如何? 等等。要充分考虑到一些制约因素、矛盾、条件,预料到一些可能发生的条件,为下一步的行动奠定基础。

2.行动

行动是指计划的实施,是行动者有目的、负责任、按计划的行动过程。在行动中,要按计划、有控制地进行变革,同时还要考虑到实际情况的变化,及时关注各种信息的反馈,不断吸取参与者的评价和建议,不断进行行动调整,完善研究行动。

3.观察

观察是指对行动的过程、结果、背景以及行动者的特点进行考察,这是进行反思、修订计划和进行下一步的前提条件。观察内容有:①行动背景因素以及影响行动的因素。②行动过程,包括什么人以什么方式参与了计划实施,使用了什么材料,安排了什么活动,有无意外的变化,如何排除干扰。③行动的结果,包括预期与非预期的,积极和消极的。要注意搜集三方面的资料,为下一步的反思奠定基础。

4.反思

反思是一个螺旋发展圈的终结,又是过渡到另一个螺旋发展圈的中介。反思这一环节包括:①对观察到的与实施计划有关的各种现象加以归纳整理、描述出本循环过程和结果;②对行动的过程和结果做出判断评价,对有关现象和原因做出分析解释;③写出研究报告。

(二)行动研究的六步骤模式

六步骤模式的具体步骤为:预诊——收集资料初步研究——拟订总体计划——制订具体计划——行动——总结评价。

1. 预诊

预诊的任务是发现问题。对于自己教育教学工作中出现的问题,进行反思分析问题,并根据实际情况进行诊断,得出行动改变的最初设想。在六步骤中,预诊占有十分重要的地位。

2. 收集资料初步研究

这一阶段要成立由教研人员、教师和教育行政人员组成的研究小组对问题进行初步讨论和研究,查找解决问题的有关理论、文献,充分占有资料,参与研究的人员共同讨论,听取各方意见,以便为总体计划的拟订做好诊断性评价。

3. 拟订总体计划

这是最初设想的一个系统化计划。行动研究法是一个动态的开放系统,所以总体计划是可以修订更改的。

4. 制订具体计划

这是实现总体计划的具体措施,它以实际问题解决的需要为前提,有了它,才会导致旨在改变现状的干预行动的出现。

5. 行动

行动是整个研究工作成败的关键。这一阶段的特点是边执行、边评价、边修改。在实施计划的行动中,注意收集每一步行动的反馈信息。如果可行,则可以进入下一步计划和行动中。反之,则对总体计划甚至基本设想都可能需要做出调整或修改。这里行动的目的,不是检验某一设想或计划,而是解决实际问题。

6. 总结评价

这是对整个研究工作的总结和评价。这一阶段除了要对研究中获得的数据、资料进行科学处理,得到研究所需要的结论外,还应对产生这一课题的实际问题做出解释和评价。

从上述行动研究的六步骤模式中,我们可以发现三个明显的特征:①动态性,所有的设想、计划,都处于一个开放的动态系统中,都是可修改的;②较强的联合性与参与性,研究者、教师、行政人员的全体小组成员参与行动研究法实施的全过程;③在整个研究过程中,将诊断性评价、形成性评价、总结性评价贯穿于行动研究法工作流程的始终。

(三)行动研究的一般程序

1. 确立课题

在发现问题、分析问题的基础上,来确立研究课题。因为能解决教育教学过程中的实际问题,是行动研究的基本导向。所以,根据中小学教师的特点,确定的研究课题开口要小、开掘要深,要具有可操作性的、应用型的特点,使教师能够通过对行动的诊断和干预,有的放矢,对症下药,解决身边的实际问题。

2. 查阅文献

在确定查找范围的基础上,搜集、查阅文献,从他人的研究中获得方法或理论方面的启示,为制订研究方案奠定基础。通过文献可以了解到,针对发现的问题,已有的研究做了哪些工作,主要观点是什么,有什么值得借鉴之处,哪些问题有待修正、补充,进而采取科学的方法,以便有目的、有计划地进行行动干预。

3. 拟订行动计划

拟订的计划应与学校要求相协调,是自己能够做得到的。计划的内容包括标题、目的、假设、对象(范围)、方法(步骤)、资料(信息)、物质保障(经费、环境、设备、设施、人员等)、时间、参加人员及能力分析人员分工等。

4. 实施行动

行动研究的其中一个特点是边行动边研究,边研究边行动。因此,在实施行动中,要注意采用观察、问卷、测验等方式广泛收集资料,及时了解研究的进展。

5. 总结反思

对研究资料进行整理、分析、解释，做出推论，并对研究进行反思评价，改进研究计划，完善研究工作，为新一轮的深入研究做准备。

6. 评价效果

通过对教师、学生进行调查，或制定科学的评价量表，了解行动研究的效果。根据概况，可以再一次发现问题、设计实验方案、实施实验方案、评价或有新的发现、再计划、再实施、再评价或发现……通过这种方式不断进行，达到解决实际问题，改善社会行为的目的。评价时通常从以下几个方面进行考虑：①研究是否有利于发展和改善目前的教育现实，是否解决了实际问题；②是否达到了解放教师的目的；③研究设计和资料收集的方法与实践的要求是否相容；④是否发展了教师的专业知识；⑤研究方法是否与具体情境下的行动目标相容。

(四) 行动研究的简化程序

1. 确定研究课题

发现教育工作中亟待解决的实际问题，选定研究主题，并对研究问题的成因进行分析诊断与肯定。

2. 拟订研究计划

明确课题研究的总目标，并围绕总目标设计研究的方法、程序、监控手段等。

3. 实施行动研究

收集资料，拟定并实施有效的教育措施。

4. 进行总结评价

汇集资料，做好观察记录，根据各种信息反馈认真修正行动计划，再实施新一轮行动研究，直到实现研究总目标。

第六节　教育实验研究

一、实验研究法概述

教育实验是一种变革性、探索性的教育实践活动,是通过人为地控制某些因素,揭示某些变量之间的因果关系的方法。它的兴起为教育研究的科学化、精确化、数量化提供了有效的途径,是最重要的研究方法之一。[①]

(一)教育实验法的概念

教育实验法是研究者以一定的教育理论及假设为指导,按照研究目的,合理地控制或创设一定的条件,人为地变革研究对象,从而验证假设,探讨教育现象间的因果关系、揭示教育活动规律的一种研究方法。教育实验是推进教育教学改革的有效手段,在某种意义上说,它是教育科学发展的源泉和基础,是一种要求比较严格、较难掌握和操作的研究方法。

教育实验法不同于其他的方法。观察法和调查法都是以收集、分析在自然状态下呈现的现象资料为直接任务,是对自然发生的现象进行描述、归纳与分析,表明"是什么""怎么样"。但是不能主动操纵、干预研究对象,难以排除原因与结果之外第三变量的干扰,难以直接对原因和结果做出确定的判断,而只能对某种可能性的原因进行推测。

(二)教育实验法的特点

教育实验是实验性的教育实践活动,又是教育性的实验研究活动,是实验性和教育性的统一。因此作为一种教育科研活动,它与其他科学实验有着共同的实验性,必须按照科学方法的规范来进行,必须符合实验法的基本要求,这就是它的主动变革性、控制性和因果性。同时又有着不同于其他科

---

① 陈茜伊,赖秀龙.中小学教育科研课题构思需要"小题大作"[J].教学与管理,2019,772(15):65-67.

学实验的个性,这就是它的"教育性"。

1. 主动变革性

教育实验法是通过创设一定的研究情境,主动地操纵实验条件,人为地改变对象的存在方式、变化过程,使它服从于科学认识的需要。同时也在某种程度上呈现出非自然的、人为预期的状态。因此,研究者可以更好地发挥主动性,根据需要适时地选择时间、地点进行实验处理,了解到在其他条件下无法研究的种种情况。可以说,"主动地变革"是作为一个教育实验最主要的标志而区别于一般的教育教学活动。

2. 控制性

控制是教育实验法的精髓。教育实验要求根据研究的需要,用比较严密的程序组织,并借助各种方法技术,减少或消除可能影响科学性的无关因素的干扰,在简化、纯化的状态下认识研究对象。因此,可以使整个实验置于研究者控制的条件下进行,使不同的研究者在同样条件下,可反复实验,反复观察。当然,这种控制条件是相对的。教育实验的主要对象是人,是一定群体的学生,而人的情感、意志、心境等是无法严格控制的。因此,教育实验不可能像自然科学的实验室实验那样严密,严格控制所有无关变量,来辨明真正具有因果关系的相关变量。从这里可以看出,教育实验研究是一种准实验研究。

3. 因果性

实验的根本目的是探明因果关系,即判断自变量与因变量之间的因果联系,这是教育实验研究的主要任务。因为在教育实验中通过对各种与实验无关的影响因素进行有效的控制,就可以判断实验结果的产生是由于实验处理的结果,两者必然具有因果关系。而其他研究方法即使是因果关系的比较研究,也往往难以确定因果联系。

4. 教育性

教育性表现在:①在教育研究中,实验者与教育者合二为一,是在教书育人的过程中研究教育;②在研究对象上,教育实验的被试就是教育对象,他们不是静态的自然事物,而是动态的、参与实验的主体,他们有自己的自主性、创造性,研究者必须尊重他们的意愿,充分发挥他们的积极性、创造性;③在实验物质手段上,教育实验更多的是在真实的社会环境和学校环境里,而不是在专门的实验室进行,不可避免地要受到政治、文化及其他大量的非科学因素的干扰;④在研究方法上,教育实验更强调定量研究与定性研究相结合。总之,教育实验既要确认教育现象之间的因果联系,以求真为基础和前提条件,同时又要探索有效的教育内容、方法,有力地促进学生身心的健康发展,以至善为出发点和归宿,要受到真理标准与价值规范的双重制约。

(三)教育实验研究的类型

从不同的角度进行划分,教育实验研究可分为不同的类型。

1. 按实验场地划分

(1)实验室实验

实验室实验是在严格控制的情况下,专门在教育实验室里进行的实验。这种实验能够有效地控制无关变量,具有可重复验证的特点,常用于探讨理论问题。

(2)自然实验

自然实验又称现场实验,是在毫无控制的自然情况下进行的实验,其研究结果能解决教育实践中的实际问题。对于教育实验来说,大部分是自然实验。

2. 按教育实验的目的划分

(1)探索性实验

探索性实验主要是探索新的教育科学理论,探明造成某种现象的原因究竟有哪些,或者操纵某些条件会引起什么效果的实验。

(2)验证性实验

验证性实验是对已有的规律或结论进行验证的实验,目的在于验证自变量是因变量产生的原因。

(3)应用性实验

应用性实验是把已发现并把验证过的科学理论、正确的实验成果应用于具体的教育实践的实验。这是以解决实际工作当中存在的某些问题为主要目的的实验方法,强调的是研究的应用价值。

3. 按实验控制的程度划分

（1）前实验

前实验是指实验中缺乏清晰的假设，缺乏控制无关因子的措施，一般不设对照组，干扰因素较多，内外效度较差的实验，因而往往无法说明因果关系，从比较严格的意义上说，是一种不合格的实验研究。

（2）准实验

准实验指在现成的教学班级内进行，没有随机分派被试，不能完全控制误差的来源，只能尽量减小误差的实验。从实验的目的与所要完成的任务来看，它接近真实验，即揭示事物间的因果关系。但从控制程度来看，它又不足以称为真实验，尽管它力图控制实验干扰因素，但无法做到完全加以控制。

（3）真实验

真实验指随机分派被试、完全控制无关因子、内外效度都很高的实验。真实验中，实验者可以有效地操纵和控制实验变量，能随机地选择和分配被试，实验结果能够比较客观地反映实验处理的作用。这种实验能够对无关变量充分估计到，并做到完全地加以控制。

4. 按实验对象的分配方法划分

（1）单组实验

单组实验指的是同一组被试分期接收施加不同实验因子的影响，然后测量不同因子产生的效果并加以比较。例如两种教学方法实验在一个被试中进行。这是一种最基本、最常用的实验模式，适用于教师在自己任教的班级开展实验。

（2）等组实验

等组实验指的是两个或两个以上的小组作为被试，施以不同实验因素的影响，然后对不同因素的实验效果进行比较。等组实验法要求的最重要的条件是各组必须尽量均等。等组实验由于设置了对照班，便于对照比较，有效地避免了单组实验中被试成熟、经验迁移、学习速度、学习阶段性差异、测验量表不等值等方面对实验结果造成的干扰，因而使实验有了更高的效度。

（3）轮组实验

轮组实验又称循环实验，是把几个实验因素循环施加于几个不同的实验组，按照各实验因素变化的总和来判定实验结果。这种实验可以增加结果的效度，不必等组，减少麻烦。这种实验结果比较可靠，但组织起来比较复杂。

（四）教育实验的基本要素

进行实验研究需要通过设置、操作、控制一些因素，来观察另外一些因素的变化。因为这些因素是随着条件、情境的变化而在数量或类型上起变化的，故又被称为变量，这是实验方法论的一个术语。可以说，教育实验的基本结构是由操纵自变量、控制无关变量、观测因变量三个相互联系的部分构成的，也就是说，教育实验涉及三个基本的要素：自变量、因变量和无关变量。

1. 自变量

自变量是研究者掌握并主动操作，能够促使研究对象变化的变量，在教育科研过程中具体表现为研究人员所采取的改革措施。这是研究者设置或加以改变的客观条件，是研究者呈现给被试的刺激量。例如改变教学方法、改变考核方式、变革评价方式、增加社会实践活动等，通过这些条件的设置或改变，来看是否引起某方面教育、教学效果的变化，从而获得对教育、教学改革方面的某些规律性认识。

2. 因变量

因变量是指因自变量的变化而发生变化的有关行为、因素或特征，它是研究的结果，是研究者在教育研究中需要观测的指标。这是一种对自变量的刺激做出的反应的一种结果变量，因而因变量必须具有一定的可测性。在教育实验中，因变量往往与被试身心发展的水平、程度、状况有关，如对知识的掌握水平、能力发展、思想品德的发展程度、情感的发展、教学质量、学校效能等。对于中小学教育科研而言，因变量可以是一个，也可以是多个。

3. 无关变量

无关变量是指在自变量与因变量之外，可能影响研究结果，对实验起干扰作用的因素,又称非实验因子或无关因子。这是在实验中加以控制的因素,如果不加以控制,就会造成人们对实验结果的怀疑。如在"几种不同教材的比较实验"中,教材之外的教师水平、工作态度、智力水平、学生原有基础、家庭辅导、学习时间等一切可能影响教学效果的因素都是该实验中的无关变量,他们会干扰自变量和因变量的对应关系。如果研究者能有效地控制这些无关变量,研究结果就会比较明确可靠。

(五)教育实验法的优点

从教育实验法的概念、特点和类型的分析可以看出,教育实验法具有以下优点:

1.有利于教育理论的发展

实验法的一个突出特点是研究者能够主动干预研究对象,通过操纵自变量、控制无关变量、测定因变量而进行变量之间的因果分析,有利于教育理论的发展。

(1)教育实验可以检验现有教育理论和观点的科学性和先进性。

(2)教育实验可以深化、改造或发展国外一些比较先进的教育理论和方法。例如对于赞可夫的"教学与发展"实验体系,我国教育界在吸取其成果的同时,丰富了他的"一般发展"概念内涵(掌握知识,发展智力,培养能力,特别是创造性能力,培养良好个性品质),深化了他的综合性实验方式,将其发展为在整体优化原则指导下的中小学整体改革实验。

(3)教育实验可以验证新的教育理论假设,有利于创造新的教育理论。

2.促进教育改革的深化

教育实验法通过探讨教育现象的特点和规律,能直接促进教育改革的深化,提高社会效益。

(1)教育实验可以为解决教育实践活动中的现实问题提供理论依据。

(2)教育实验可以为改进教育实践提供最优化的互动策略。

3.提高研究人员的素质和能力

教育实验要求研究者提供理论假设、主动干预研究对象、努力控制无关变量、准确测定因变量、科学总结实验结果等,这一切都对研究人员的素质与能力提出很高的要求,促使他们认真学习、刻苦钻研,提高实验技术,充分发挥主观能动性。实验的成功又将促使研究者提高从事教育改革实验的积极性,形成良性循环。

(六)教育实验法的局限性

1.由高度控制带来的环境"失真"

实验通过严格控制环境条件,有利于准确地探求因果关系。但是实验条件控制越严,离真实的教育活动环境就越远,那么它在非实验控制的自然条件下的教育活动中重复验证的可能性就越低,从实验情境中获得的结论并不完全适用于实际生活情境,实验研究法的价值就会大大降低。因此,越是客观的、综合性很强的教育问题,越不可能用实验法进行研究。

2.科学研究中的许多变量是无法操纵与控制的

研究者本身的价值观、态度、动机会影响被实验者的行为。比如实验人员的期望会影响实验效果的罗森塔尔效应,对比组师生对实验组实验措施的暗中模仿或"较劲"的约翰·亨利效应,还有由于教育实验过程较长而引起的"生成效应"。这些效应中,有些可能对提高教育活动效率有利,但最终对探索真理无益。

3.存在样本不足和选择误差的现象

教育实验基本上属于社会科学实验,所进行的一般是关于群体的研究,群体越大,则控制的难度越大;样本较小,又不足以将结论推广到全体;且由于种种社会因素的影响,实验往往只能在指定的学校和班级进行,样本不能代表更大范围的总体,这样不自觉地会影响到实验研究的科学性。

二、实验研究法的实施

(一)提出研究问题,设计研究假设

1.确定研究课题

教育实验的过程就是一个提出问题和解决问题的过程,也就是说,教育实验要立足于已知去探求未知。问题的提出很重要,即通常所说的选题是

教育实验的起点,是教育实验关键的第一步,它对于整个实验是否能顺利开展、实验的成败、实验成果的大小都具有十分重大的意义。结合新课程的理念,中小学教师要注意选择那些在理论上和实践上有重要意义的问题,特别是对实践具有较大指导意义的问题作为课题。例如"中小学低年级语文'活动化阅读教学模式'研究""中小学语文阅读教学课堂自主参与模式与方法研究""体验性作文教学研究"等,都对当前的教育教学改革有很大的推动作用。

2. 设计研究假设

(1)研究假设的含义

实验课题要有明确的实验假设。研究假设,就是根据已经掌握的一些事实和原理,对研究中因果关系的表述、对所要解决问题的结果所做的"猜测"。这种"猜测"是以有关的事实材料和科学理论为基础的有根据的推测,是对所研究问题的本质和规律提出的初步设想,而这种设想尚未得到确切可靠的证实,需要通过实验研究加以确认或推翻。假设能够使实验研究的方向与范围更加集中,为实验的实施与资料的搜集整理指出方向。

(2)研究假设的要求

研究假设具有比较复杂的内容结构。国外有学者指出,假设应达到如下四个标准:①能说明两个或两个以上变量间的期望关系;②研究者应有该假设是否值得检验的明确的理由,这一理由是有理论的或事实的依据的;③假设应是可检验的;④假设应尽可能地简洁明了。

如《创造性思维与个性教学模式的实验研究》中提出的假设是:"使用由上述10种教学方法(矛盾法、发散与集中法、定势打破法等)构成的创造性思维与个性教学模式,在培养和发展学生的创造性思维品质和个性品质方面,比常规的教学方式方法效果好。"

《中小学数学开放式课堂教学研究》的研究假设包括:"形成具有一定区域内推广价值的开放式课堂教学模式。促进教师教学方式的变革,使课堂教学方式呈多元化趋势。形成一支观念新,具有一定专业理论知识和实践技能的科研型骨干教师队伍。"

《中小学数学分组合作学习的实验研究》的研究假设是:"通过构建'分

组合作学习'的教学策略,并进行有效的实施,能促进学生素质的全面发展。"

好的实验假设是教育实验的灵魂。通常来说,一个好的理论假设应符合以下基本要求:

1)科学性。研究假设的形成要有两个重要的依据:①科学理论。这主要是因为研究假设与科学理论两者之间往往存在未被人们察觉的内在的必然的密切联系。如苏联教育家赞可夫的教育实验,就是奠基在维果斯基的教学与发展理论之上的。他的理论假设是:"建立一种教学结构,可以有力地促进学生的一般发展。"②客观事实。也就是说,科学的假设,必须以一定的客观事实为依据,而不能与已知的客观事实相违背。最后还要明确的一点是,假设的核心概念要具有严格规定的含义,具有好的概括度和清晰度,且理论体系结构严谨合理,条理分明,逻辑上无矛盾。

2)预测性。假设是用来指导科学研究的,是研究者希望出现的研究结果。假设同时也是还未经过实践检验的结论,尚存在疑问的思想形态。因此,假设不得不带有推测和假定的性质,还有待于实践证实。因而假设本身是科学性和推测性的统一,确定性与不确定性的统一。

3)明确性。假设不是经验事实的简单堆砌,而是由概念、判断、推理构成的逻辑体系。因此,假设的表述要清晰,界定要准确,要以叙述的方式说明两个或更多量之间可期待的关系,不能含糊其词、模棱两可,或者带有歧义性与多解释性。

4)可检验性。教育研究的假设是对教育事实或现象间的关系所做的推测性假定,而研究目的是要验证这种推测的正确程度和可靠性,因此,假设必须是可检验的,一个原则上不可检验的假设是没有科学价值的。检验假设的可检验性通常有:①推理检验。即从假设的基本观点出发,引申出关于某些事实的结论。研究者可以用同类事实进行验证,看这些事实能不能被假设解释清楚。②实践检验。即通过研究过程来进行验证。

(3)怎样形成研究假设

研究假设的形成主要有归纳式和演绎式两种思路。

1)归纳式。主要侧重从学校的实际工作出发,对已有的教育教学经验进行归纳、筛选、分析,提出切实的教改实验设想。如《实践、体验—中小学数学体验学习研究》中,通过分析,归纳出该实验的研究假设是:"在数学课堂教学中,如果以学习材料的'生活化'为前提,以'实践操作'为主要方式,以'合作交流'为有效途径进行教学,那么学生在获取知识的同时将逐步获得探索与创造的感性经验,形成初步的探索和解决问题的能力。"

2)演绎式。侧重从教育科学或其他相关学科理论出发,通过理性思辨,派生出一些新的教育哲学观念、教学改革思想,并具体化为教改实验的措施。我国20世纪80年代以来的许多教育实验假设便是从心理学、脑科学、系统论原理中引申出来。如根据人脑科学研究关于左右半脑功能互相联系以及大脑潜能的最新观点,演绎出让儿童言语符号学习与动作形象学习交替进行,促进左右脑协调发展的实验假设。

上面提到的两种思路是密切联系、缺一不可的。当然,一个好的有价值的研究假设的提出是要经过一个过程的,需要研究者在研究过程中不断修改、完善。

(二)制订实验研究方案

1.选择实验方法

方法的选择将直接影响实验结果的可靠性与说服力。因此,研究者要根据课题的假设,结合实验的主、客观条件,选择某种方法进行实验,也可以以某种方法为主,综合运用各种方法。

在教育实验中,常用的实验方法有以下三种:

(1)单组实验法

单组实验法是指对同一组被试前后施加不同的自变量,施加前后各进行一次测试,然后通过比较因变量前后测试结果,从而判断因果关系的实验。其实验程序如下:

被试→前测1→施加自变量1→后测1

被试→前测2→施加自变量2→后测2

如果后测1>前测1,则说明实验因素1有效果;如果后测2>前测2,说明实验因素2有效果;如果后测2>后测1,而前测1=前测2,则可说明实验因素2的效果更好。

这种实验,不必打乱原有的班级建制,只需一组被试即可,简单易行;由于整个实验都是在一组被试内进行的,所以教师、学生、环境等因素都是相同的,避免了被试间差异对实验结果的影响。控制无关变量的难度大大下降,为实验工作带来了许多便利。

但是,单组实验法也存在明显的缺点:

1)很难克服"时序效应"的影响。在实验过程中,被试随着时间推移在不断地生长和发展,随着其自然成长,他们在实验前后的学习能力会发生变化,必然会影响实验效果。由于这种"时序效应"的存在,研究者很难确定实验效果是学生自然成长的结果,还是实验因素作用的结果。

2)前一次实验对后一次实验会造成影响。因为两次实验都是在同一组对象内进行的,被试在第一次实验中获得的知识技能可能会对后一次实验结果产生影响。

3)前后两次测验的难度往往难以完全相同,给两个实验因素的效果比较带来了较大的困难。

(2)等组实验法

等组实验法是指对两个或两个以上等质的被试组,施加不同的自变量,然后与因变量的测试结果进行比较,从而判断因果关系的实验。其基本程序有两种:

1)只有一个自变量

实验组→前测1→实验因素→后测1

对照组→前测2→沿用常规→后测2

首先将被试分成两个水平相等或基本相同的组,通过前测1与前测2是否相等可以判断两组水平是否有差异;然后在实验组施加实验因素,而对照组沿用常规教学法,一段时间以后进行后测。通过后测1、后测2的比较就可判断分析实验因素与实验效果之间的因果关系。如果前测1=前测2,后测1>后测2,则说明实验因素有效果。如"计算机辅助语文教学实验",实验前,经过前测选取两个相同的被试组,在实验组被试中采用计算机辅助语文教学,对照组被试中采用传统的常规教学法,一段时间后,分别对两组被试进行后测,如果实验组同学的语文成绩优于对照组同学的语文成绩,则认为计算机辅助语文课堂教学有效果。

2）有两个自变量

实验组 1→前测 1→实验因素 1→后测 1

实验组 2→前测 2→实验因素 2→后测 2

如果后测 1>前测 1，说明实验因素 1 有效果；如果后测 2>后测 1，则说明实验因素 2 有效果；如果前测 1＝前测 2，后测 2>后测 1，就可认为实验因素 2 的效果优于实验 1 的效果。

等组实验法的优点是：①避免了实验因素之间的相互影响。因为两个实验因素是分别施加于两组不同的被试，他们之间不会相互干扰，克服了单组实验中前一实验因素的作用对后一实验因素的影响。②外界情况等无关因素对实验结果的影响可以相互抵消。因为两组被试处于相同环境条件下，环境变化对两组的影响是一致的，可以相互抵消。而且两组被试都在自然成长和积累经验，也避免了单组实验法中时序效应的影响。③测验量表不易影响实验结果。由于两组被试前测、后测可以运用同一种测验，即使前测与后测量表不等值，但它们对两组被试的影响是相同的。④实验周期较短。正因为等组实验具有上述优点，所以被实验研究者广泛采用。

等组实验法的缺点是：①很难找到两组完全等同的被试。就像找不到完全相同的树叶一样，每个人的遗传素质、家庭环境、学习能力、兴趣爱好等心理特征都存在差异，研究者很难做到实验对象的随机分配。②实验分组困难。为了尽量得到两组情况基本相同的被试，就需在给被试分组时尽量选择科学合理的分组方法。

因此，在等组实验过程中，研究者一定要注意：①为分组而进行的前测量表的选择或编制必须符合实验目的和实验因素的要求。②若采用随机分组法，应使两组被试人数相等，以避免因人数不均，造成两组被试每个成员受教育机会不均等。③应尽量控制无关因素的干扰（或使除实验因素外的其他因素）对两组的被试作用都相同。

（3）轮组实验法

轮组实验法是把各实验因素轮换施于各组被试，然后根据每个实验因素所发生变化的综合来决定实验的结果。其实验基本程序如下：

1）第一轮

实验组 1→前测 11→实验因素 1→后测 12

实验组 2→前测 21→实验因素 2→后测 22

2）第二轮

实验组 1→前测 11/→实验因素 2→后测 12/

实验组 2→前测 21/→实验因素 1→后测 22/

实验变量 1 发生的总和 D1＝（后测 12＋后测 22/）－（前测 11＋前测 21/）

实验变量 2 发生的总和 D2＝（后测 22＋后测 12/）－（前测 21＋前测 11/）

实验效果 D＝D1－D2

当 D>0 时,说明实验因素 1 的效果好;当 D＝0 时,说明两个实验效果相当;当 D<0 时,则可认为实验因素 2 的效果更好。

轮组实验法的优点是:①不需设立完全相同的等组,对被试分组的要求大大降低,避免了等组实验中随机分配被试的困难。②对无关变量的控制要求降低。因为轮组实验中无关因素的影响共同作用于前后两个实验因素。如试比较甲、乙两种教材谁优,采用这两种教材的实验班的学生家庭环境、努力程度、兴趣爱好、教师的教学水平等都是与实验目的无关的变量。在循环实验中,教师、学生等无关变量的影响对各个实验组大致是相同的。③实验的精确度提高。在轮组实验中,各实验因素都在不同的组内各实行了一次,因而也就减小了实验误差,提高了实验的效度和信度。

轮组实验法的缺点是:增加了实验次数,延长了实验时间,实验的周期较长。且每个实验者都要掌握两个实验因素的实验内容,包括其操作程序、教材、教法等,难度较大。同时,也给最后的测量与实验结果的统计核算增加了困难。

上述三种实验方法各有优缺点,研究者可根据研究需要和条件选择适当的方法进行研究。

2. 确定研究对象

选择确定研究对象是实验研究过程中非常重要的一环,尤其是等组实验法。在选择实验对象时,研究者首先要根据实验课题的需要。教育实验无须对研究总体进行实验研究,只需要从中抽取部分个体作为实验对象,即可从实验结果中推断出总体特征。这一推断的可靠性依赖于对实验过程的控制,也在很大程度上依赖于样本的代表性;而样本的代表性又依赖于样本容量和抽样方法。

3. 确定实验时间、场所、范围、材料和人员

实验时间一般指实验开始到实验结束所需的时间,也称实验周期。要根据实验课题的内容、规模而定。一般的教学方法的实验大多以一学年或一学期为一个周期,"九年一贯制学制实验"以九年为一个周期。有些简单的实验,也可以几周或几节课为一个周期。

实验场所的选择和范围的确定不容忽视。实验场所是指安排在什么县市、学校、班级进行实验,实验范围指选择几所学校、几个班级进行实验。为使教育实验具有更大的推广价值,一般应选择普通学校和班级进行实验。一些有特殊要求的实验,如计算机辅助教学的实验,可以选择办学条件比较好的学校进行。实验的范围也要根据课题的要求和实验的主客观条件来确定。一般实验都先选取某一学校某一班级为实验点,随着条件的成熟,可逐步增加实验点,逐渐将一些实验点联系起来,互通信息,形成具有一定辐射范围的实验区,再在实验区的基础上,形成教育实验网,取得实验研究的整体效益。

实验过程中免不了使用闭路电视、计算器、电脑等仪器,以及登记表、统计表、测量材料。这是实验顺利实施和结果科学性的物质保证。

实验人员是具体实验过程、实验材料的实施者。一般应由专业的研究人员和实验教师两部分组成。通常是由专业人员提出实验课题,设计实验方案,由实验教师具体操作。对于简单的小课题或科研能力较强的教师,也可同时兼有"研究者"和"教师"的双重角色。因此,实验教师在实验研究中起着关键作用。他不仅是教育者,也是实验者,更是作为实验变量之一去参与实验过程。因此,要选择热爱教育科研,具有实事求是的科学态度,艰苦奋斗、吃苦耐劳的精神,有一定科研能力的教师作为实验人员。

4. 明确实验中各种变量及其测定与控制方法

(1)自变量的确定

自变量是实验人员施加和操纵的实验因素,是另一个变量变化的原因,又称实验的原因变量。例如,要验证应用直观教学法对提高教学效率的作用。这一实验的自变量就是直观教学法。自变量确定后,要赋予自变量以可操作性的定义,将其具体化、可操作化。这是操纵自变量的关键。如江苏省常州师范学校第二附属小学开展的"中小学开放式作文教学的实验"研究,其自变量就是开放式作文教学形式。开放式作文教学形式的可操作性定义包括作文内容的开放、作文形式的开放、作文批改的开放等三个方面。其中作文内容的开放包括:①走向大自然,向大自然索取;②走向社会,向社会收集;③丰富学生课余生活,积极组织学生开展各种活动;④精心布置教室,使教室成为大自然和社会的缩影;⑤举行"所见所闻发布会"。作文形式的开放包括:①把作文"书信化";②把作文"日记化";③把作文"稿件化";④把作文"征文化";⑤把作文"演讲化";⑥把作文"表演化"。作文批改的开放包括:①师生共同讨论批改;②学生间互改;③教师创造机会,让学生发表意见。

自变量越具体,可操作性越强,实验措施越易施加到被试身上,就越能取得较好的实验结果。

(2)明确因变量及测定

因变量是指自变量作用于实验对象后所产生的结果,是实验的结果变量。因变量确定后,科学地观测因变量的变化是教育实验成功的一个关键。一是要明确从哪些方面观测因变量的变化;二是要明确测定因变量的方法。如林崇德教授主持的"中小学生运算思维品质培养的实验研究",因变量为思维品质。思维品质是在个体的思维活动中智力特征的表现。在中小学儿童数学运算中,突出的思维品质是敏捷性、灵活性、深刻性和独创性四个方面。实验过程中,实验人员通过抓练习速度、教给运算要领与方法来培养思维的敏捷性,通过一题多解、一题多变来培养儿童思维的灵活性,通过培养儿童数学的概括能力、数学命题能力和空间想象力培养儿童思维的深刻性,通过鼓励儿童独立思考、提倡新颖性、抓自编应用题等培养思维的独创性。那么通过哪些指标来评价思维的这四个品质呢?林教授课题组的做法是:①测定思维的敏捷性。以速度和正确性为指标。通过给定一定数量的习题,记下每个被试完成的时间和正确率;规定一定时间,统计完成率等方法来测评。②测定思维的灵活性。以一题多解、一题多变的变化数为指标。③测定思维的深刻性。以完成数学概括能力、空间想象能力、数学命题能力、推理能力、运用法则能力等五个方面的逻辑抽象试题的成绩为指标。五个方面分别有具体指标。④测定思维的独创性。以自编应用题的数量为指标。根据上述指标编制大量的试题，经过多次筛选，经过信度、效度的测定，最后确定中小学儿童思维品质的测定题目。

因变量的指标要尽可能具体，这是因变量能正确测定的关键。

（3）控制无关变量

无关变量是指除实验因素外有可能影响因变量的一切变量。无关变量有很多，有人将它归为 7 类，即经历特殊事件、实验期间被试成熟的影响、被试受前测影响、被试取样不均、被试中途流失、主试测评标准不同、主试统计错误等。例如实验教师与实验对象的实验情绪、实验者与实验对象的努力程度、实验教师的教学水平、实验对象的认知水平，以及实验对象的性别、年龄、实验环境等都有可能成为无关变量。具体到不同的实验，无关变量又有所不同。如在教法实验中，自变量是教学方法，而教材、教师的教学水平与教学态度、学生的学习能力与知识水平、家庭环境等都可能影响教学效果，但非实验因素。因此，它们便成为该实验的无关变量。在教材实验中，教法便成为一种无关变量出现在实验中。

（三）实验研究的具体实施

教育实验方案制订后，根据实验方案，有目的、有计划地对被试施加实验因素，控制非实验因素，测验被试并记录实验情况等一系列工作过程就是实验的实施，是整个实验过程的实质性阶段。实验实施得如何直接影响了实验的结果。因此，实验者在实验过程中，要做好实验的前测、实验的分组、实验情境的控制、实验的后测、实验的记录等五项工作。

1. **实验的前测**

实验的前测是指在实验前为了了解被试的某些特质的现有水平而进行的测验。它既可以了解被试在实验前的水平，以作为等质分组的依据，更用以和后测水平的比较，以确定实验因素的效果。依据不同的分类标准，人们可以把实验前测进行分类。

根据一个实验中前测项目的多少,可分为单项前测和多项前测。按一项测验所测特质的多少,可分为单质前测和综合前测。单质前测是指一项前测只能测出被试一方面的特质。综合前测指一次前测能够测出被试多方面的特质。

按前测的内容可分为学科测验、智力测验、特殊能力测验和人格测验等四种。

(1)学科测验

学科测验指测量被试的学科知识和技能的测验。如常识测验、地理测验、数学测验、语文测验。

(2)智力测验

智力测验指测量被试的观察力、记忆力和分析、判断、推理等思维活动能力的测验。如迷津测验、推理测验、填图测验、一般智力测验等。

(3)特殊能力测验

特殊能力测验指用来测验被试的音乐、绘画等特殊能力的测验。如音乐能力测验、绘画能力测验、舞蹈能力测验等。

(4)人格测验

人格测验指用来测量被试除智力以外的各种心理特征的测验。如意志测验、性格测验、气质测验、情感测验、品德测验等。

研究者可自行编写测验题,也可选择已被他人广泛采用的标准化的测验题。但在进行测验时,要注意:①要根据实验目的,测出实验所研究的被试的特质。如"中小学语文注音识字提前读写"的实验,目的是想验证注音识字提前读写对中小学生语文识字能力的作用。因此,该实验的前测应测验被试的语文识字能力。②前测要尽量采用标准化测验,使测验结果更加客观、真实。③前测人员要尽量避免一切偏向的发生,不能给被试提供任何暗示。④防止被试作弊,影响实验的真实性。

2. 实验的分组

在前测的基础上,研究者要根据实验的要求按照一定的方法把被试分成若干等质组。为了尽量将被试分成相等的组,研究者可采用以下方法进行分组。

（1）随机分组法

随机分组法即采用随机取样法将被试分成几个相等的组。随机分组法较简便易行,但它要求只有在被试具有足够的数量时才能采用。而且所分各组之间相等的程度不如其他分组法高,又缺乏分组的定量指标。所以,在对被试组相等程度要求较高的等组实验法中一般不采用。在对被试组水平相等要求不太高的轮组实验中,或被试数量足够多时,随机分组不失为一种方便易行的分组法。常用的随机分组法有抓阄法(或抽签法)、使用随机数目表法等。

（2）测量分组法

要保证各被试组有较高的相等程度,可采用测量分组法。测量分组法即根据被试的前测成绩,将被试分成若干相等的组。由于这种分组方法所依据的前测是关于实验研究特质的测验,因而能够保证所分各组在实验所研究的特质上基本相等。具体步骤如下:

1）第一步:对被试进行前测。

2）第二步:按照前测成绩,将被试按一定顺序排列。

3）第三步:根据被试排列顺序,将被试分成若干相等的组。在分组时,可采用下列方式进行。

如果要将被试分成两组,其方式为:

第一组:1、4、5、8、9、12、13、16……

第二组:2、3、6、7、10、11、14、15……

如果将被试分成三个组,其方式为:

第一组:1、6、7、12、13、18、19……

第二组:2、5、8、11、14、17、20……

第三组:3、4、9、10、15、16、21……

依次类推。

4）第四步:检验所分各组是否相等。检验时,要将各组的集中量数(主要是均数)、差异量数(主要指标准差)进行比较。如所分各组均数相等、标准差相同,就可认为各组是相等的,否则就要调换个别被试使之均衡。

（3）匹配分组法

匹配分组法指实验者按照一定的标准，对全体被试进行全面考察，将几个各方面情况基本相同的被试分别分配到不同的被试组。由于每次分配到各组的被试是相等的，所以，所分各组也是相等的。虽然匹配分组法能够保持各被试组多方面特质的相等，但运用起来较复杂，费时费力。具体步骤为：

1）第一步：对实验对象逐个进行多方面的考察，必要时还要进行测试。

2）第二步：根据考察情况，将情况相同或相似的被试放在一起，形成若干个小组。

3）第三步：根据实验要分的组数，将等质的被试平均分配到各组中。

3. 实验情境的控制

所谓控制实验情境就是指实验者根据实验目的和要求，有效地消除、均衡或排除无关变量的干扰的过程。教育实验过程中的无关变量有很多，概括起来大致有两类：一类是随机性无关变量；另一类是恒定性无关变量。

随机性无关变量通常是随机出现的，毫无规律性，其对实验结果发生的影响也是随机的，有时是积极的影响，有时是消极的影响。如天气的冷暖、阴晴的变化会引起教师、学生心情的变化，学生的睡眠和饮食状况、临时停电等偶发事件等都属随机性无关变量。这类随机性无关变量有的是可以控制的，有的则很难控制。大量的随机性无关变量是很难控制的，对于可控制的随机性无关变量应尽量控制。

恒定性无关变量是指自始至终以同样的性质影响实验的因素。如实验者的偏向将贯穿始终，致使实验结果不够客观、科学。所以，对恒定性无关变量要严格加以控制。

通常情况下，教育实验情境的控制有以下几种基本方法：

（1）消除法

消除法是指在教育实验过程中，采用一定措施，设法排除无关变量的发生，例如，用单向玻璃屏避免外界干扰、采用行政手段确保被试不中途流失等，使实验情境得到纯化。比如，在比较两种教学方法效果的实验中，实验教师对被试的偏向，可以造成被试学习成绩的差异，是一种影响较大的无关变量。为了控制这一无关变量的影响,实验者可以选择比较客观公正的教师担任实验教师,制定详细的实验教师准则,对实验教师进行监督等,来避免这一非实验因素的影响。此外,还要注意避免"亨利效应",即对照班的教师不恰当地扩课或模仿实验班的实验措施,导致实验班与对照班的区别模糊,难以验证和确认假设。

（2）平衡法

平衡法是指在实验过程中使某一个或几个非实验因素在几组被试中产生相同的影响。等组实验法就是运用平衡法来控制非实验因素的一种实验方法,因为这时被试的身心自然成熟,对实验组与控制组而言,机会是均等的。又如两种教学方法对学生成绩的影响,应做到教师教学水平一致,教学态度一致,教材一致,教学内容一致,被试水平一致,前后测难度一致,使无关变量对二组被试的作用一样,从而有利于做出准确的归因分析。

（3）抵消法

抵消法即在实验设计时,使实验组与对照组彼此相等,克服"时序效应"。"时序效应"指当实验变量是两个或以上时,两个变量处理的前后顺序不同,结果也不同,因而造成对实验效果的影响也不同。而采用轮组实验法就可使"时序效应"对几个被试组产生相同的效应,从而相互抵消。例如"录像与幻灯在中小学低段语文教学中的效果的比较实验",自变量是录像与幻灯这两种不同的直观教具,不妨分别称之为 A、B,则可在两个实验组进行"ABBA"式的轮组实验,即实验一组先 A 后 B,实验二组先 B 后 A,然后比较自变量 A 施加于两个实验组的效果之和与 B 施加于两个实验组的效果之和的大小,即可得出实验结论。

（4）统计控制法

控制统计过程,减少统计误差。研究者要合理选择统计工具或量表,对无法控制的无关变量,则在实验结束处理数据时,采用分表法、协方差分析法等现代统计手段进行控制。

（5）盲法

盲法是指不让参与实验的被试(有时甚至包括实验教师)知道,使实验在比较自然、真实的情境下进行。大量的实验证明,一旦实验对象知道自己在参与实验,就会激起一种"实验情绪",这种情绪会产生"霍桑效应"。等实验结束,一切就恢复正常,原来振奋的精神也随之低落,成绩大不如从前。因此,理想的做法就是不让学生知道自己在参与实验,这称"单盲法"。有的实验甚至不让实验教师知道,这叫"双盲法",以克服"期望效应"。期望效应是指主试被告知被试具有潜在能力和较大发展的可能性,而不自觉地对被试表现出特别的关注与期望,促进了被试的发展水平。这也影响了自变量与因变量间直接地归因分析。例如有人曾设计这样的实验:选择100名智商相当的学生,其中20人为实验组,80人为对照组,均等分布在两个班,告知教师实验组的智商高于对照组。经过8个月的教学后进行测试,发现实验组的智商真的高于对照组。这就验证了"期望效应"的成立。"双盲法"在很多实验中却很难做到。因为,一项实验需要很多人参加,很难保证所有的人不泄漏实验秘密。所以,盲法也并不能绝对地控制所有非实验因素的影响。

4. 实验的后测

后效测试是指在施加自变量影响后,测定实验所研究的特质的现有水平。通过后效测试,可以了解被试在自变量的影响后,特质水平的变化;并且通过后效测试与前期测试的比较,可以求出被试的实验特质在实验前后所引起的变化量,从而判断自变量与因变量之间的因果关系。要强调的是,后效测试一定要与前期测试是同一特质。并且后效测试与前期测试的效度、信度、难度、区分度等要保持一致,否则就无法进行科学的比较。例如"解题思维策略训练提高中小学生解题能力的实验研究",因变量是学生解应用题的能力,后效测试与前期测试的试卷就要求具有等值难度。

5. 实验的记录

实验记录的内容可概括为两类:一类是数据材料,主要指实验班、对照班的人数,前测、后测的成绩以及其他有关的数字资料;另一类是事实材料,主要指实验进行的过程,实验中出现的问题,被试在实验因素或非实验因素的作用下发生的变化,以及实验教师的行为表现等。

对于不同的材料,要采用不同的记录方法。数据资料主要用表格记录。一般说来,实验者在实施实验方案时就要拟订一些记录实验数据的表格。

对于事实材料,主要通过文字记录,要及时记录,也可采用录音、摄影、录像等现代技术手段记录实验材料。

　　实验者在记录实验材料时要注意:①客观真实;②全面记录;③养成观察和记录的习惯,一天一小结,对需改进的问题及时提出整改措施。

第四章

中小学教师科研成果的表达

第一节　一般论文的撰写

《论语》有言:"学而不思则罔,思而不学则殆。"强调为学的基本途径是学习与思考。就教师的科学研究而言,除了这两点之外,还应该加上"行"这一要素。因为教师的科学研究与其他研究不同,其鲜明的实践性,决定了从事这一研究,需要教师将"学""思""行"三者紧密结合,经过长期探索和积累,厚积薄发,才能形成最终的科研成果——科研论文。因此,科研论文绝不是教师短时间内靠灵感突发而写成的,而是长期学习思考和实践探索的结晶。[①]

撰写科研论文,既是进行科学研究的一种手段,也是描述科学研究成果的一种工具;不仅是整个研究过程的最后一道重要的工序,也是研究成果的总体展示。研究过程中付出的所有智慧,所有辛劳,全都融入或体现于这篇论文之中。因此,科研论文的撰写,不仅仅是个单纯的写作问题,它要求撰写者具有清晰的科学分析能力,又有高度的科学整合能力;有严格的逻辑思维,又有深入浅出的表达功夫。好的科研论文能让科研成果得到百分之百的展现,而不好的科研论文则会使辛勤获得的科研成果功亏一篑。

因此,对于撰写科研论文这项"集大成"的工作,应予以充分的关注与努

---

① 阮为文.基于教育现场的中小学教师培训模式创新[J].教师博览(科研版),2019,9(5):4-8.

力,以保证科学研究过程的善始善终。

一、科研论文类型及特点

教师的科研论文一般分为教学论文(或称研究报告)和学术论文两大类型。两者性质略同,但有层次上的差别。

(一)教学论文的特点

教学论文的任务,一般是针对教学领域、教学过程中某一具体问题、某一具体环节进行研究,发现和总结其规律,使之在教学中发挥最大效益。尽管它涉及的对象、范围不是很大,但由于体现了某种规律性,仍然具有普遍的指导意义。具体来说,教学论文有如下几个特点:

1. 教学性

教学性属于教学论文的基本特征,也就是说,论文的出发点和归宿都是紧扣教学。它的主题是由教学实践所生发,又能最大限度地概括某种理论原理;它的内容既与教师的教法有关,也与学生的学法有关;它的阐述既有思想的火花,又有生动的方法。总之,这样的论文使人不仅在理论上能有明晰的领悟,还能在实际上有可仿照性,即可操作性。

2. 创造性

创造性体现了论文的价值,教学论文也不例外。所谓"创造性",就是要求有"新意",不是因袭旧说,不是人云亦云,而是要有自己独特的发现:可以在观点上有所突破和超越,也可以在视角上有新的调整和切入。虽然不要求它出现轰动效果,但总要展示新的局面,能给人以新的启迪,而且,确实能够有助于推动教学改革的进程。

3. 科学性

科学性是科研论文的生命。所谓"科学性",就是实事求是,合乎规律;有历史意识,又有全局观点;辩证发展地看问题,不偏执,不架空,即论点和分论点都要经得起实践的检验。

4. 文献性

科研论文的这一性质是上述三种性质的必然归结,具备教学性、创造性、科学性的科研论文必然具有文献性。它尽管只是一砖一瓦,却是教学理论大厦上的一个必不可少的组成部分,有着恒久的或较长时期的生命力,是可资参证的有用材料,非同一般应时应景的"速朽"之作。

(二)学术论文的特点

学术论文是以教育领域中较为重大的问题作为对象,进行缜密的理论探讨的论文。它的理论价值相对高于教学论文,写作难度也相对高于教学论文。

除了具备教学论文的创造性、科学性和文献性之外,学术论文最大的特点就是学术性。学术论文探讨的是教育领域内某个专门化课题,这一课题不仅涉及面广,而且具有论争的性质。这类论文的撰写,不满足于客观事物外部形态和过程的描述,而是侧重于事物发展的内在本质和规律的探求。因此,它要求有逻辑性强、概括性强的全息性的论证与阐释。优秀的学术论文一旦问世,通常会使某种学科的研究水平上升到一个新的高度,至少也为这一学科的研究打开了另一扇门。例如20世纪90年代,语文教育界各种思潮风起云涌,关于语文性质的问题众说纷纭,莫衷一是。于漪老师撰文《弘扬人文,改革弊端》,回顾了中国现代语文教育发展的历程,梳理了历史上对语文教学有代表性的相关论述,对中外哲学、文学领域内关于语言文字与思维、情感和文化之关系的论述,尤其是马克思主义经典哲学中的重要观点,旗帜鲜明地提出了"弘扬人文,革除弊端"的观点,认为工具性与人文性的统一是语文学科的本质属性。这篇具有浓厚学术性的论文,对当代语文学科的发展起到了非常重要的作用。

二、科研论文的撰写

科研论文的形成与撰写有赖于作者专业功底、逻辑思维、文字能力三者的整合。只有专业功底雄厚,才能有所发现,有所开拓,有所突破;只有逻辑思维严密,才能思路清晰,论证有力,以结论服人;只有文字能力高超,才能表达准确,深入浅出,事半功倍。

(一)科研论文的结构框架

科研论文是一种边缘文体,它介于科技语体和事务语体之间,写作上具有相对固定的格式,是一种模版化了的文体,不能像文学散文那样在形式上千姿百态,任意出新。一般来说,课题研究报告和学术论文都有一个大致相同的框架,由以下几个部分组成:

1. 标题

科研论文的标题要求尽可能准确、平实,切忌含蓄与花哨,这是基本的原则。但在不影响准确、平实的前提下,适当考虑新颖、醒目、有趣,也未尝不可。如上海市语文特级教师陈军撰写过一篇研究《论语》教学思想的论文,题目是"中国语文教学论的古典阳光——《论语》夜读小识"。这样的标题简约、明晰,又不失优雅与诗意,有引人注目之功,不也很好吗?

2. 内容提要与主题词

为了使论文的要旨能迅速得到反映,引起人们的注意,一般将全文的精髓提炼成概括、简洁的几百字的内容提要,置于标题与正文之间。

除内容提要外,为了适应电子检索的需要,现在的科研论文还要求作者从话题、观点、材料、内容等角度,提炼几个最富有特征性的词语,叫作"关键词"(或"主题词")。关键词一般放在内容提要和正文之间,也可以放在标题之后,内容提要之前。

如《论中小学教师教学反思的问题、特征与种类》一文的"内容提要"与"关键词":

内容提要:中小学教师教学反思的问题是日常性、勉为性、虚指性、套思性、形式化和程式化,其特征是起点的驱动性、过程的研究性和结果的收获性。为了纠正问题和凸现特征,可将教学反思粗略地分为追因性教学反思、习俗性教学反思、前提性教学反思、拓展性教学反思、整体性教学反思和批判性教学反思。

关键词:中小学教师;教学反思;特征;种类

3. 正文

(1)问题的提出

问题的提出包括"缘起"和"背景"两方面内容。"缘起"是写在论文开头的一段简拙的文字,交代提出研究本课题的原委、试图达到的目标以及这次研究的实际意义。"背景"部分交代本课题的部分背景材料。例如前人在与本课题有关的方面,曾经达到了何种程度,它与现实需要存在着何种距离,而本课题所要致力研究的就是缩短乃至取消这个距离,以适应今天的需要,这实际上是表述本课题研究的价值与必要性。要注意的是,对前人的研究成果,要实事求是地做出评价,不能为了突出自身研究的重要性而去贬损其他人的见解。

有的论文将上述两部分合而为一,以"引言"名之,或者称为"问题的提出"。无论名称是什么,从结构上来看,都属于整篇论文的"绪论"或者"引论"部分。

(2)写作过程、方法与观点阐述

这部分是论文的主体,属于"本论"部分,要详尽地描述研究工作的全过程,并对观点充分展开论证。特别要注意行文依照自然顺序和逻辑顺序,层次分明、阶段性清晰地延展开来。

写好这部分的准则是,能够真实、完整而且准确地反映出研究者的工作全程、独到观点及其立论的全部依据,使人信服。

(3)结论

结论是研究成果的结晶,也是全文的精华所在。作者应用精确的、概括的语言,表述通过研究与论证产生出来的一种新的观点、新的结论。

(4)讨论

讨论属于附录部分。一般是对研究中因主客观原因造成的缺憾或可能存在的问题加以说明,也有就这一课题在今后进一步深入探索时提出的建议。如果没有上述情况,这部分可以省略。

4. 注释和参考文献

这部分应放在正文的结尾。注释要求按出现的先后顺序,列出研究过程中参阅过并在正文中引用(包括直接引用和间接引用)过的论著和文章,并标出作者、书名、出版单位、版次、章节与页码,以利于读者做必要的查阅,也是表示对原作者劳动的尊重。参考文献则要求无论文中引用与否,凡是在研究过程中参阅过的专著和文章,都应一一列出。

(二)科研论文的语言风格

科研论文是一种边缘文体,介于科技语体和事务语体之间。从语言风格来说,它更接近于科技语体,即科研论文的语言应严格遵循科技语体的要求,用词必须具有高度的明晰性、单义性(即不容另解性),而拒绝任何模棱两可甚至多义的词语。

当然,在准确、清晰、平实的基础上,科研论文的语言也应尽量追求生动活泼,在内容的表达上力求深入浅出,增强可读性。众所周知,经济学是纯理论学科,其艰深与乏味,较之哲学,有过之而无不及。而香港学者张五常的《经济解释》一书就十分耐读。比如,在解释"边际产量下降定律"这样一个专门术语时,作者是这样写的:

边际产量下降定律(the law of diminishing marginal productivity)又称为回报率下降定律(the law of diminishing returns)。这大名鼎鼎的定律万无一失,是一个"实证定律"(empirical law)。"实证"是指定律之内的所有变量(variables)在原则上是可以观察到的,是事实,非抽象之物也。在卷一我们数次提及,需求定律中的需求量是意图之物,是抽象的,在真实世界不存在。但边际产量下降定律却没有这种困扰。话虽如此,边际产量(marginal product)虽然是事实,在原则上可以观察到,但一般来说只能在一个有控制的实验室之内才可以量度,在现实生活中是不容易或不能量度的。有这样的困难,运用边际产量理论(marginal productivity theory)又要讲功夫了。

边际产量下降定律是说,如果有两样生产要素(factors of production),土地与劳工,一样要素增加而另一样固定不变,那么总产量会上升,但这增加会愈来愈小(边际产率下降),然后总产量达一顶点,再其后,总产量会因为只有一样生产要素继续增加而下降。

4岁时我在香港读小学一年级。老师问:如果一个人可以在10天之内建造一所小房子,那么两个人建造需要多少天?我当时知道老师所要的答案是5天,但怎样也不肯答,问来问去我也说不知道。老师认为我太蠢,不可教,要留级。后来我留级的次数成为香港西湾河的典故。

一个人10天,两个人5天,十个人1天,一万个人需要多少天?让我告诉你吧。一万个人挤在一块小地上建小房子,一亿年也建不出来。这就是边际产量下降定律。母亲在生气时常说:"人多手脚乱!"这是中国人的传统智慧,说的是边际产量下降定律,但这定律可不是我不识字的母亲发明的。

要证实这定律的必然性,我们不妨反问:假若边际产量下降定律是不对的话,世界会有些什么现象呢? 答案是:如果这定律不对,我们可用一平方米的土地,不断地增加劳工、肥料、水分等,而种出可以供应全世界的米粮。这类现象显然从来没有出现过,所以边际产量下降定律从来没有被推翻。

可以看出,运用这种表达方式,即使是普通读者,也是能够理解这一定律的基本含义的。而且,读来不乏兴味。经济学的科研著述可以如此写,教育科研的论述不是更应该讲究语言的精美吗?

我们的结论是,在不损害内容表达的精确度的原则下,科研论文的语言也可以而且应该追求一种朴素的美。这对增强作品的可读性与效果都是有益无害的。

三、科研论文的修改

科研论文从初稿到定稿,这中间依然有一段路程,而且是更需过细、更求缜密的一段路程。这就是对初稿的审阅、修改和加工。

(一)观点立论的修改

阐明科研论文的观点要慎重,众所周知,观点是论文的灵魂和统帅,观点变了,整篇文章从内容到结构恐怕都要发生变化。但是,如果写完后发现论文的观点确实存在问题,那也绝不能将错就错。古语说得好:"修辞立其诚。"古语还说:"文章千古事,得失寸心知。"如果文章立论有问题,恐怕不仅自己心中难过,更要紧的是不能使别人得到教益,甚至会给人以坏的影响。所以,修改论文,首先要考虑论文的主题和观点是否正确,认识是否深刻,立论是否严谨,文章是否有新意。

(二)内容材料的修改

材料是文章的"血肉",它是证明观点的论据,是论点成立的依托。因而对选用材料的基本要求是:①必要,即选用说明观点的材料;②真实,即所用的材料必须符合实际,准确可靠;③合适,即材料引用要恰当,不多不少,恰到好处。修改论文时,除了斟酌观点的表述是否严谨稳健外,还应依据上述要求对材料进行必要的增加、删节或调整。要看引用的材料是否确凿有力,是否有出处,是否能相互配合说明论点,是否发挥了论证的力量,是否合乎逻辑,是否具有说服力。要把不足的材料补足,要把空泛的、陈旧的、平淡的材料加以调换。要把不实的材料和与主题无关的材料坚决删除。

论文内容的修改除了要考虑所使用的材料之外,还要着重考虑这样几个问题:写作意图是否能让人一目了然;基本论点与分论点表述是否准确易解,它们之间的配合是否和谐得当;论证的逻辑性是否严密,无懈可击。通过认真的检查审核,该突出的要突出,该调整的要调整,该更换的要更换,该补充的要补充。

修改加工的目的,不全是在修正错误,弥补缺陷,从根本方面看,是要使论文尽可能完美地表现研究工作的过程和成果,尽可能准确地传述作者的意图和观点。

(三)结构形式即文面的修改

结构是论文内容的组织安排,是论文表现形式的重要因素。结构的好坏,直接关系着论文内容的表达效果。不重视表达形式,会直接影响对内容的精确表达和传播效果。

结构的调整和校正,关系着全文的布局和安排。调整的原则是要有利于突出中心论点,服务于表现中心论点。表达形式的修改应该着重考虑如下方面:检查论文中心是否突出,层次是否清楚,段落划分是否合适,各部分能否体现科研论文所要求的论述完整、维度统一,它们之间的衔接与过渡是否自然合理,开头、结尾、过渡照应如何,全文是否构成一个完整的严密的整体,语句用词是否精当,会不会产生歧义,全文的行款格式是否符合科研论文的要求。

(四)语言和标点的修改

语言是表达思想的工具,要使论文写得准确、简洁、生动,就不能不在语言运用上反复推敲修改。论文的语言修改,主要是在三方面下功夫:①表达清楚而简练,用最少的文字说明尽可能多的问题,是一篇高质量论文必不可少的前提。为了使文章精练,必须把啰唆、重复的地方,改为精练、简洁的文字。②文字表达的准确性。为了语言的准确性,就要把似是而非的话,改为准确的文字。③语言的可读性,要把平淡的改为鲜明,把拗口的改为流畅,把刻板的改为生动,把隐晦的改为明快,把含混、笼统的改为清晰、具体。

标点符号、注释序号及其使用当然也要一一审阅,做到准确、规范,因为标点符号不仅事关表情达意的准确性和语言节奏的连贯、自然、顺畅,而且从某种意义上它还反映出研究者治学的严谨程度和基本的学术素养。这些细小之处,若有疏忽,也会给全局造成一定的损失,不可不慎。

只有经过认真校阅,修改,最后加工过的科研论文,才是可以放心地公之于世的正式成品。

四、案例与导读

【案例呈现】

公民表达与中小学写作教育

余党绪

关于当前的中小学写作教育,有专家用"三无"来表达自己的评判。所谓"三无",即"无法、无序、无效"。对这个说法,我一直心存疑虑。以中国之大,人才之多,思虑之广,谋略之精,怎么会在效率和方法上毫无建树?实际上,从教学层面看,一线的写作教育不仅方法众多,甚至连"诀窍""秘籍"也不稀罕。而且,教学效果也不容粗暴抹杀。

在我看来,当前写作教育的问题不在方法与序列,也不在效率。或者说,根本问题不在这里。单纯强调写作教育中的技术性缺陷,可能导致两个后果:一个是刺激写作教育中的 GDP 冲动,引发技术改革上的"大跃进运动"。在少数理论家的心里,希望建立一个终极性的教学序列或包打天下的训练体系,来解决写作教育中的一揽子问题,这个念头一直在狂妄地骚动。另一个则更值得关注,专注于写作教育中的技术问题,很容易将写作教育中众多纠结不清的问题浅表化和模糊化,而更为根本的内容却被我们忽略了,结果是南辕北辙,或者买椟还珠。借用一百多年来争论不休的话说,"体"之不存,"用"之焉附?

不妨列举几项写作教育中司空见惯的病症:

——人人皆知,撒谎、欺骗、编造事实、夸大其词、无中生有、不讲逻辑、虚张声势、片面、武断、上纲上线,等等,都是人所不齿的品行。但为什么一旦进入写作,似乎就可为所欲为,甚至还可能得到奖赏?张维迎说,人生撒谎写作始。谁敢保证学生不会将写作中的投机取巧用到生活中去?

——写高谈阔论抽象议论的文章,诸如"先天下之忧而忧,后天下之乐而乐""我要握住你的手""诚信",学生可洋洋洒洒,旁征博引,滔滔不绝;而要学生就现实的具体问题表明自己的具体态度,表达自己的具体观点,就会手足无措,畏首畏尾,或者空话连篇,不知所云。如果写作不能为现实服务,为生活服务,写作究竟又是为了什么呢?

——经过十来年的训练,多数学生已能独立完成一篇文章。为什么这些作文始终千人一面,万人一腔? 不独思想一致,材料相似,而且思维方式雷同,表达方式单调。青少年的个性在哪里? 他们鲜活的创意能力与创造能力到哪里去了?

这些矛盾显然不属于技术范畴,也不属于效率范畴。依赖技术或序列的改造来解决上述问题,无异于缘木求鱼。如果我们略显粗暴地将上述病症也概括为"三无",谓之"无德行、无生活、无个性",那么这个"三无"才更值得关注和思考,因为它在根本上损害了写作教学的教育价值和文化意义。

写作究竟为何? 这在源头上影响着我们对写作教育的理解。在我看来,教育领域里的写作理念,基本上还没有摆脱以科举写作为代表的精英写作的影子。在传统社会,文化被少数人垄断,写作活动关涉地位与身份,意味着政治上与文化上的某种特权,写作能力也被赋予了更多的天赋色彩和神秘内涵。写作,既是政治与道德意义上的"经国之大业,不朽之盛事",又是实现生命终极价值的途径(所谓"三不朽",即立德立功立言也)。司马迁将史学写作的目标定位于"究天人之际,通古今之变,成一家之言",张载为儒者提出的"为天地立心,为生民立命,为往圣继绝学,为万世开太平",对后世的写作影响很大,让写作承载了太多太重的内容,也让写作者承担了更多的身份与使命压力。有趣的是,即便是那些游走在正统与非正统之间的写作者,诸如李白、关汉卿、柳永等人,其写作在功名道德上的空间已被现实挤压,但青史留名的冲动还是洋溢在字里行间。

传统写作留下的文化基因充满了矛盾。主张"文道合一",但实际上,空道德、泛道德、伪道德泛滥成灾，精英道德疏离了现实的人性与生活，脱离了大众，缺乏现实实践的土壤与基础，文字在更多时候不过是道德阐释、道德粉饰或道德辩解的工具。这样的文道关系必然导致"为人"与"为文"的冲突与分离，写归写，做归做，言行不一，这也许是"一为文人，便不足观"的另一种含义罢。再如古人主张"文章合为时而著，歌诗合为事而作"。在精神取向、文化结构与心理积淀上都居高临下的士大夫们，以"文章千古事"的心态写作，即便是一草一木一虫一鱼，也要发掘其超越琐碎和庸常的恒久价值，这样的写作即便关注了现实，恐怕更多的也是隔岸的热泪，高楼上的垂青，是以抽象掩饰具体，以概念图解生活。当代作家莫言提出"作为百姓写作"，对"为百姓写作"提出异议。莫言反对写作者以精英的身份居高临下地俯视生活，他主张写作者就是一个具体生活的人，你对生活不是采取"介入"的态度，你本来就在生活之中。以精英的姿态介入生活，隔岸的热泪也冰冷，高楼上的垂青也冷漠。

如今已是 21 世纪，政治、经济与文化上的平等，已然或正在成为现实，而民主的社会、公民的权利也深入人心。在网络与信息时代，写作的形态、价值与意义，写作者的生活方式和生存价值，发生了翻天覆地的变化。写作早已褪去了其高贵和神秘的色彩，日渐成为一种日常的交流与表达活动；而写作者身份中向来具有的精神导师、灵魂工程师的色彩，也在日渐淡化。但是，写作教育滞后于时代，尺度之大令人瞠目。总体看，写作教育尚未能脱离传统精英写作的窠臼。无论是教学内容、教学方法还是相应的评估体系，似乎都是为了培养超乎众人的政治家、作家和艺术家，而不是为了满足每一个学生作为公民的生活需要。这样的目标定位让不少学生对写作望而生畏，望而生厌，也造成了在写作教育中漠视学生的生命需求、脱离生活实践、禁锢思想、僵化思维的后果。

基于这个理解，我觉得非常有必要重新认识写作及写作教育的价值与功能，将写作从天上请回凡间，从贵族变为平民。在写作教育中，应该进一步强调"表达"与"公民"这两个概念，以"表达"来界定写作的基本形态与功能，以褪去传统文化赋予写作的超越或神秘的色彩；"公民"是人基本的社会身份，以"公民"来界定写作者的身份与姿态，界定写作及其检测的内容与标准。基本逻辑是：中小学写作教育应该培养以"公民表达"为核心的写作素养。

以"公民身份"写作，让写作"有用"。

中小学教育培养的不是抽象意义上的"人"，它的具体内涵应该是"公民"。教育不是万能的，人类教育的种种探索已经表明，那些通过教育来培养"圣人"、塑造"理想人格"、培养"天才"、打造"神童"的做法，是幼稚和荒唐的。教育不仅不是万能的，教育还应该有其合法的边界。人的感觉、欲望、意志、情感、思想、智能，教育的切入都应有其限度。如果说由国家主导的义务教育是一种公权力的话，那么，这样的公权力同样也应有其运行的边界。过高过泛的教育目标，必然不切实际，效能低下。公民是人基本的社会身份，中小学教育的首要任务，便是培养适应现代社会生活的公民，其他目标的达成均应以此为前提和基础。

从写作教育看，培养学生的公民意识，首先，让学生以"公民"的身份写作，是一个很值得思考和探索的切入口。"公民"是一个与"自然人"对举的法律概念，是个人在公共社会空间的身份，这决定了你的写作必须顾及和考虑必要的社会关系与社会背景，符合社会与法律的基本规范与要求。其次，"公民"不是臣民，不是子民，当然也不是暴民，写作者天然具有独立和自主的表达权利。说什么话，怎么说，在法律和社会习俗的规范下，学生都有自由选择的权利，并对自己的发言负责。以公民身份写作，必然要求公民们"自说自话，文责自负"。最后，"公民"意味着平等，不仅人格上的平等，权利上的平等，而且意味着精神与道德上的平等。所以，写作是为了沟通，为了交流，为了交换彼此的思想与意志，而不是为了"代圣人立言"，更不是为了"我花开后百花杀"，居高临下或卑躬屈膝都不可取。

当前的学生写作，"身份意识"普遍模糊，也比较混乱。成人腔、官腔官调之类固不必说，就是"让学生放开手脚写作""写出内心真实""自由写作"这些花好月好的理念，其内涵也很模糊，实践中难以操作。"放开"到什么程度？是否任何"内心真实"都可尽情表达？"自由写作"是否意味着想怎么写就怎么写？如果用"公民"这个身份来框范，这些问题解决起来就清晰多了，毕竟，作为一个政治与法律概念，"公民"的内涵还是比较明确的。

在开放与多元的网络时代,强化写作者的公民身份,有利于培养学生在行使自由表达权的同时,恪守公民的表达责任与义务,这对于养成合法、合理、合乎习俗的表达素养,有着现实的意义。

以"公民表达"为功能导向,让写作"具体"。

写作到底为了什么?是因为"有话要说",还是为了"为文而造情"?后者以八股文写作为典型,写作在某种程度上沦为一种智力与文字游戏,它的内容再精致,也无益于人生,无益于社会。遗憾的是,这种"文章制作"式的教学还是目前基本的教学模式,写作教育刻意回避现实的社会与人生,热衷于抽象概念与虚假命题的研讨,专注于写作技术与修辞技术的训练,结果把作文搞成了凌空蹈虚的道德口号,大而不当的人生讨论,抽象虚无的哲学玄想以及矫揉造作的造势煽情。

"有话要说",就要表达。所谓表达,就是主体向客观世界敞开和传达自己的意志、思想与情感。即便单从中小学的以获取基本写作能力为主要目的的写作训练看,写作在本质上也不是对信息的纯粹加工与组合,也不是对外在世界的全息式反映。写作在本质上是向外界表达自我的心理与精神世界,而表达的方式与形式,则直接与表达者的生命活动与生命形式相关。以表达为功能导向,将写作看作实现表达诉求的载体,或有助于纠正写作上的形式主义与文风上的华而不实。比如,强调议论文"说理"的表达功能,教学中必然更关注对真理的追求,对学理的思辨,对逻辑的辨析。说一千,道一万,在议论文写作中,"说理"才是硬道理。这对于改变当前议论文写作中的假大空现象,应该能发挥积极的作用。

不过,仅仅强调写作的表达功能,还是不够具体,就中小学教育看,培养学生"以公民身份、就公共事务、对社会发言"的表达素养才是首要的,这就是"公民表达"。

强调学生以公民的身份写作,在内容安排上,应该偏向于"社会公共事务"的理解与表达。当然也应该关注学生的"私人写作",但显然培养学生的"公共化写作"的理念和能力以服务于公民的社会生活,才是中小学教育的基本任务。应该引导学生关注社会,关注现实,关注身边的人和事,以主人翁的身份参与社会实践,不仅因为这些与学生息息相关,而且这对学生的文化成长与人格发展大有益处,因为任何人的成长都是基于现实的社会环境与现实的社会实践,脱离了当下的社会与文化,我们培养的不过是现代的孔乙己和范进。从写作实践看,与自己密切相关的事务,才能引发深切的体悟与思考,写作才可能有具体的内容,才能减少写作中的假大空。

以"公民道德"为准绳,让写作"健康"。

写作在本质上是一种表达实践,必然关涉价值的判断与选择。作为教育范畴的写作教学,应该致力于培养表达中的法治意识、规则意识与底线意识。强调"公民表达",为写作确立了一个表达的底线,这就是"公民道德"。对于成长中的学生,超过他们理解力与实践力的过高的政治要求、文化要求和美学要求,只会逼使他们写假话,写空话,写废话。以"公民道德"为底线,既给学生的表达提出了方向,也为教育预留了足够的空间。现在的很多作文,无论有无必要,是否恰当,都要挖掘或升华到很高的政治高度或道德境界,似乎不如此便不能显示其思想正确,趣味健康,这样的虚饰恰恰沦落到底线之下。

此外,还应该强调理性精神的培养与理性思维的训练,因为公民社会是依照法律与理性构建的社会模式。"二期课改"以来,为了倡导人文精神,为了改变语文教学中知识膨胀、逻辑越界和分析过于琐细的局面,我们强调了情感、体验、感悟、灵性、直觉、联想、想象、灵性等非理性、非逻辑的因素。但是,这不能构成压制理性、贬低逻辑的理由。恰恰相反,我觉得无论是我们的学生,还是当代的社会公众,最缺乏的就是理性精神和逻辑思维的素养。比如关于想象力培养的问题,在我看来,多少有些强调过头了。很多人将想象力与创造力混为一谈,认为想象力的匮乏不仅制约了国人的创造力,而且将影响中华民族的未来。有人将"影响20世纪生活的20项重大发明中,没有一项由中国人发明"归咎于中国人想象力的匮乏。这些判断粗看有理,实则有欠妥当。你总不能将"万有引力"的发现归结为牛顿由"苹果落地"引发的想象吧?为什么我们没有牛顿?恐怕想象力的欠缺并不是最关键的。过分强调"想象力"这个因素,会给人这样一个错觉:似乎有了想象力,牛顿就横空出世了。这样的误导反而会妨害我们去做一些更为基础性也更有价值的工作,比如培养学生的批判精神、怀疑精神、探索精神等理性素养。想象力是与生俱来的,任何一个正常的儿童都充满了各种想象。我们要做的,是保护、鼓励和引导儿童的这种天赋。与此相反,理性精神则只能通过后天的教育才能拥有。一个人缺乏想象力,顶多在生活中少点乐趣与浪漫,而如果他缺乏理性精神,可能连正常的生活都没有。一个民族也是这样。没有想象力的民族可能是沉闷的,但没有理性精神的民族,则可能陷入疯狂与虚妄。

因此,不能借写作活动的体验性与情感性来替代公共理性与逻辑思维的训练。

综上所述,中小学写作教育应该聚焦"公民写作素养",在培养公民素养的要求下,致力于培养学生的"表达素养";在培养学生"表达素养"的要求下,培养学生的"写作素养"。将写作教育提到公民素养教育、公民表达素养教育的高度,不仅使写作教育有了更为具体的方向与内容,而且也使得我们能够在更为务实的策略下思考写作教育的课程与教学问题。

"公民写作素养"是中小学写作教育应该达成的基本目标。它着眼于培养现代公民,着眼于培养公民的表达素养,它强调基本的态度、习惯、能力与品格,这是面向每一个学生的培养目标,因为这是每一个公民应该具备的基本素养。因此,它既是面向全体的,又是着眼于基础的,充分体现了基础教育的普适性与广泛性,也体现了基础教育的公平性与民主性。

基础教育的功能,在于为学生开启发展之门,引领其走上发展之路,而真正的发展与成功,则取决于学生的自身的追求与实践。写作也是如此。在教学中,始终盯着几个写作高手,始终着眼于高端写作技术,拔苗助长,可能造就出几个写作高手、写作神童、写作天才,但结果一定是多数人厌恶写作,多数人连生活中必备的写作素养也不能达成。媒体反复报道和渲染的所谓研究生不知论文怎么写,高中毕业生连封家书都写不了的事情,如果从现行教学状况看,其出现具有很大的必然性。

提倡"公民写作素养",其实是为了还写作以其自我表达与社会沟通的真实面目,着眼于写作与生活的关系,着眼于表达与沟通的效能,为学生的生活服务,为学生的发展服务,为学生的未来服务,为其个性与创造性的生长提供空间。为什么有的学生写作文叫苦不迭,而写"情书"却乐在其中?

为什么写"命题作文"无话可说,而写博客却能挥洒自如? 为什么考试作文捉襟见肘,而制作社团海报却神采飞扬? 显然,后者是出于其生命的需要,出于其兴趣之所在,出于实践之所需。只要写作与学生的生活、生命、实践相结合,学生就一定有话要说,有话可说,有话能说。有了表达的欲望,写作教育才有可能。

提倡"公民写作素养",也赋予了写作以创造与创新的色彩与意义。"公民表达"主要关注的是公共写作,作为一种面向社会、面对公众的具体表达,公民写作必须考虑具体的背景、动机、对象、目的,追求表达的价值与效率。这就需要学生根据具体的表达目的,选择合宜的写作方式与技术,完成一个从无到有、从策划到运筹、从构思到物化的创造过程。当前的写作教学,学生接受的技术训练并不少,掌握的程度也并不低,关键要看能否将所学的写作知识与技术运用到具体的写作实践之中。如果技术不能服务于表达的需要,技术反而成了表达的障碍。只有当技术与表达结合起来,技术才能产生其应有的效能。所以,在写作技术的训练上,要以表达为宗旨,以功能为引领,以效能为依归。

真正的写作精英不是教出来的,更不是在教室里教出来的。我们能给学生的,只能是一些基本的态度、习惯、方法与能力,也就是基本的写作素养。但是,有了这些基本的写作素养,在其生命不断扩张与成长的过程中,其写作能力的成长也便有了扎实的根基。在写作教育上,我们也应该有点"只管耕耘,不问收获"的大度与优游,大可不必为了几个精英而揠苗助长。其实,一切都在自然中。

【案例导读】

不少教师对如何写教学论文感到发愁,不知道该怎么写。其实,教学论文的写作,首先不是"怎么写"的问题,而是"写什么"的问题。前者主要关乎技术,应该说是比较好解决的;后者则关乎素养,是论文写作最核心的领域,需要教师广博地学习、扎实地实践和深入地思考,才能解决。而要解决"写什么"的问题,至少与两个因素密切相关,一是教师的实践积累,二是教师的思考深度。

出于对作文教学现状的不满,从十多年前开始,余党绪老师便着力探索

"基于'公民表达素养'培育的写作教学",经过十几年坚持不懈地努力,逐渐形成了一套比较完整的写作教学的理论和方法,上文就是他长期实践和探索的思想结晶。因为论文的写作是基于长期的实践积累和深入的思考探究,而不是为了应需(为了评职称等功利需要),应命(完成学校行政布置的写作任务,或者培训作业等),应景(趋附一些研讨会的主题等)而写出来的文章,因此便有深度,有分量。

从这个案例,我们可以得到这样的启示,教学论文的写作内容从哪里来?答案非常明确:教学论文的写作内容是从教师的科学研究与教育实践土壤中长出来的,除此之外,别无他途。因此,要写好教学论文,一是提炼自己的实践,二是锤炼自己的思想。

解决了"写什么"的问题,才能够谈"怎么写"的问题。余党绪老师的这篇论文在结构思路上分三部分:第一部分结合写作教学的现状和问题,提出自己的主张,从而揭示出自己实践和主张的意义与价值,可以看作论文的引论部分。第二部分从三个方面具体阐述自己在写作教学方面的思想内涵和方法体系,是论文的主体,可以看作论文的本论部分。第三部分在前面论述的基础上,揭示"公民写作素养"的目标追求及其与基础教育基本功能的内在关系,可以看作论文的结论部分。

第二节　教育随笔的撰写

一、教育随笔概述

教育科研成果是针对某种教育现象、某一教育课题或某种教育理论进行调查研究、实验或论证后得出的新的教育观点、新的教育思想、新的教育方法或新的教育理论。它是教育科研过程的高度概括和科学总结,是教育科研工作的理论升华。①

教育科研成果的表现形式主要有教育科学研究报告、教育科学研究论文。教育随笔虽然不属于严格意义上的科研成果的表述形式,但对于中小学教育科研人员来说,用得比较多,所以此处也将给予介绍。

朱永新教授在其著作《新教育之梦》里指出:"中小学校教师搞教育科研就是应该从记录教育现象,记录自己的感受,记录自己的思考开始,这种记录如同一串串的'珍珠',把它们串起来那就是一条非常美丽的项链,这样的教育科研应该鼓励。"撰写教育随笔,是朱永新教授的一贯主张。教育随笔作为一种教育思想的表达方式,记录着教师的生命价值,是与中小学教师距离较近、较实用的朴实有效的教师研究方式。

(一)教育随笔的概念及特征

教育随笔就是用随笔的形式,对教育实践中的经验、教训和感受、体会、问题来发表自己的意见、见解的教育应用文书。这是倡导教师立足实践、彰显一种求真务实的教育情怀,旨在还原教师教育科研的本来面目,并及时整理和记录自身的实践感悟的教育研究方式。它所讲述的内容是教师们在教育教学实践过程中的亲身经历和内心体验,包括在经验基础上的理论提升与情感升华,是教师能够捕捉到的内容。正因为如此,教育随笔受到了越来越多的有识之士的厚爱与青睐。

教育随笔的特点主要表现在以下几个方面:

1. 随手,随便,随心

教育随笔是一种较灵活的文体形式,风格随意平和,行文自由,表现手法灵活多样,具有随手、随便、随心的特征。随手指的是随笔中涉及的往往是一些即时发生的事件和看到事件时产生的想法,那种想法如火花般稍纵即逝,所以需要及时捕捉、记录下来。随便指的是随笔没有固定的格式要求,不需要有什么论点论据。随心一是指随心所欲,没有太多的限制;二是指笔要随脑。肖川教授曾经指出:"随笔,没有居高临下的霸气,没有正襟危坐的俨然,没有煞有其事的虚假,没有耳提面命的烦闷。像朋友之间的促膝

---

① 王洁.用国家的力量推动中小学教师专业成长[J].上海教育科研,2020(10):1.

而谈,不求全面,不求'客观',不求严谨,甚至也不求立论的'公允'、命题的'科学';只求遣一己之意趣,痛快淋漓地嬉笑怒骂。它不奢望成为重大决策的依据,也不企望成为学术积累的文献。它表达一种情怀,一种趣味,一种心境,一种追求。"这是对教育随笔特点的形象表述。

2. 短小精悍

一般来说,教育随笔的题目小、篇幅不长,少则百十来字,多则千字左右。内容单纯,涉及面比较小,层次和结构也比较简单,写作材料便于收集、整理和使用。在篇幅上,一般不需要经过缜密的构思后再动笔,而只需要像写日记一样,兴之所至,一挥而就,把教育实践中最有意义的所见、所闻、所感、所思、所想撰写成文即可。

3. 迅速及时

迅速及时指的是需要对教育实践中有价值的、有意义的内容及时记录,否则会失去神韵和对教育实践的指导意义。比如对教育实践中的经验体会要及时反映出来供别人借鉴参考,把有深刻教育意义的教训写出来供别人吸取,反映出的问题要能够引起人们的注意,这样可以避免在教育方面少走弯路。

4. 取材广泛

教育随笔的内容比较丰富,取材比较广泛。就大的方面而言,可以写教育思想、教学原则、教学方法等教育思想理论方面的问题。就小的方面而言,可以写一件事、一个字词、一句话、一个动作、一点感触、一个问题等教育第一线最具体的东西。从写法上来说,可以用说明、记叙、描写、议论、抒情等多种手法,趣象横生,无拘无束,令人读而不厌。

(二)教育随笔的意义

1. 是一线教师及时反映教育教学实践活动的最快捷方式

"教育,首先是人学。"而作为"人学"的教育,离开了人的情感就失去了生命。教育随笔是教师对教育艺术、教育理论、教育思想、教学方法所思、所想的良好形式之一,离教师的距离较近。再加上教师的教育对象也就是中小学生是一群活跃的群体,每位教师每天都要与这群接受新事物最快的少年儿童打交道,因此不可避免地会接触到一些新的事件、新的教学内容,其中有许多值得写、值得反映的东西。引导教师及时把那耀眼的一瞬间记下来,把教学中的智慧、思想火花真实地记录下来,力图用感性的文字表达理性的思考,用诗意的语言描绘多彩的教育世界,这样的教育随笔具有方便快捷的特点,能够激发教师的潜能,让教师不再是被动地发展,因而享受到教育的幸福。因此,教育随笔是作为教师最好的教育研究之一,是教师行为研究的最好依托。

2. 是教育教学反思的理性提炼

教学随笔是教师在教学实践中对教学现象的一种思考,是教师对自己所积累的教学经验、教学思考的一种回顾、梳理、提炼、总结和提升。古人强调“吾日三省吾身”。反思是教师自我成长、实现教师专业化的重要手段之一。教师撰写教育随笔,不单单是把教育过程、自己的感悟记录下来,更重要的是强调以积极的态度去思考问题,创造条件去解决问题,通过对教学经验、新问题的分析与研究,从而发现新理念、新见解,这样可以促进教师对实践的反思和智慧的提升。因此撰写教育随笔可以对提高教师的教学水平有一定的作用,是促进教师专业成长的关键一环。

3. 是撰写科研论文的基石

苏联教育家苏霍姆林斯基说过:“我建议每一位教师都来写教育日记。教育日记并不是什么对它提出某些格式要求的官方文献,而是一种个人的随笔记录,在日常工作中就可以记。这些记录是思考和创造的源泉。那种连续记了 10 年、20 年甚至 30 年的教师日记,是一笔巨大的财富。每一位勤于思考的教师,都有他自己的体系、自己的教育学修养。”尽管教育日记有别于教育随笔,但是可以看出撰写教育随笔的重要意义。撰写教育随笔,把教学经验、教学感悟付诸笔端,这是一种很好地提高自己书面表达能力的方式,能够引导教师善于发现问题、善于思考问题、善于解决问题,能够帮助教师成为一位事业的有心人,这样的写作是教育科研的初步,能够为教育科研准备素材,有力地提高教育科研的素质与能力。一线教师不妨从教育随笔起步,从“豆腐块”做起,开始自己的教育科研生涯。

(三)教育随笔的分类

教育随笔主要是一种叙事议事的文体,从不同的角度进行划分,可以有多种分类。

1. 按叙与议的情况分

根据叙与议的情况可以分为:先叙后议型;先议后叙型;夹叙夹议型;叙事型;议论型。

2. 按随笔的目的意图分

根据随笔的目的意图可以分为:针对某种教学现象发表自己的看法后提出建议的;针对教育现象进行批评的;针对教育现象分析得失的;提供教育实例以供借鉴的。

3. 按所用的主要表达方式分

根据所用的主要表达方式可以分为:记叙性随笔、议论性随笔、说明性随笔。记叙性随笔是以记录教育现象为主,议论性随笔以发表观点看法为主,说明性随笔主要是对教学中的问题做出阐释。

看下面两个例子:

这个忙帮得是时候吗?

淄博师范高等专科学校 张良朋

课堂上,老师布置学生在纸上通过画图寻找解决问题的办法,可是有一个学生忙活了好几分钟也没什么进展。老师发现了,迅速走过去说:"还在磨蹭什么? 不会就赶紧问,没看见老师在这儿吗? 我来给你讲讲,像这样的题应该先……再……"

孩子不急,老师倒先急了。虽然教师出于好意,但急得实在不是时候。老师的"急",恰恰剥夺了学生自主思考的空间和独立思考的机会,是在把方法硬"灌"给学生。表面上看学生迅速学会了知识,其实学生获得的体验不够完整也算不上深刻。"一个孩子,如果从未品尝过学习劳动的欢乐,从未体验过克服困难的骄傲,这是他的不幸。"苏霍姆林斯基的话真是一语中的。本来学生是以主动的姿态参与学习,可老师如果一直这样"帮"下去,学生再遇到困难时还会孜孜以求、大胆尝试吗? 帮或不帮,什么时候帮,值得细细思量。

课堂因"错误"而精彩

郝新海

一节成功的课堂教学应该是精彩的,在师生互动生成的过程中,其间情感的交流、思维的碰撞、创造的迸发……往往会成为课堂教学中一道道亮丽风景线。不过,我们却容易忽略另一种"精彩"——"错误";"错误"也常常会伴随着教学的始终,有它特有的"精彩"之处。

那么,如何认识和对待教学过程中反映出来的错误呢? 在我看来:

容"错"——千树万树梨花开

我们的学生,有着不同的知识背景、不同的情感体验、不同的表达方式,也就有着参差不齐的思维水平,出错也是难免的。出错,是因为学生还不成熟,哪怕确实明显有错,也是正常的,又何况"正确"正是从"错"的辨析、筛选中逐步形成的;出错,是因为学习是从问题开始,甚至是从错误开始的,有的错往往是学生对既定思维的修正。正因为出错,才会有点拨、引导和解惑,才会有研究、创新和超越。

对待错误,许多教师视为洪水猛兽,唯恐避之不及;或"快刀斩乱麻",以一个"错"字堵上学生的嘴,接二连三提问学生,直至得出"正确答案";或亲自"上阵",把答案"双手奉上";或"堵"或"送",都是置学生的实际于不顾。可以想到,不拨"乱"反"正",不让学生经历实践获得体验,阻住了学生迈向"错"的脚步,也就阻断了他迈向成功的道路。

其实,"学生的错误都是有价值的"(布鲁纳语)。著名教育家卡尔·威特的教育秘诀之一,就是宽容地、理性地看待孩子的一切,包括"错误"。这一点,特级教师于永正给我们做出了榜样。他经常外出上示范课,每每告诉那些陌生的学生:"于老师上课最喜欢发言说错的学生,我要给他发特等奖……"其实,这不仅仅是调动学生的发言积极性,还印证了于老师一个教育理念:"错误,也是一种宝贵的教学资源。"

因此,我们要宽容、理性地对待学生的错误。不要轻易否定,要肯定学生的积极参与,用鼓励的语言去评判。只有这样,学生才会毫无顾忌地发表自己的意见,实践自己的设想;师生间就会有认识上的沟通,心灵的对话,才会出现"忽如一夜春风来,千树万树梨花开"那样一幅生气勃勃、生动活泼的教育画卷。

用"错"——为有源头活水来

英国心理学家贝恩布里奇说:"错误人皆有之,作为教师不利用是不可原谅的。"是的,"问渠哪得清如许,为有源头活水来"。我们不仅要宽容错误,更要挖掘利用好学生的错误资源,让学生在纠正错误中开启智慧,迈入知识的殿堂。

1. 找准错误,寻找起点

学生有了错误,要给足学生思考的时间和空间,让学生自己去发现错误,纠正错误。教师则应把它作为教学的真正起点,要站在学生的角度,"顺应"他们的认知,掌握其错误思想运行的轨迹,摸清其错误源头,然后对"症"下药,找到解决问题的好办法。

如简便计算"110-55-45",有不少学生往往错误地计算为"110-(55-45)"。究其原因,是学生对连减中的简便计算原理没有弄懂。这时,教师可以适时地创设一个购物情境:"小明同学过 10 岁生日,爸爸到儿童服装店给他买衣服,一件上衣 55 元,一条裤子 45 元,爸爸付出 110 元,应找回多少元?"在这样所熟知的情境中,学生很快想到:可以先算出上衣和裤子一共多少钱,算式是"55+45";再算出找回多少元,算式是"110-(55+45)"。这样缘于错误找根源,根源找准了,学生理解了,难题解决了,错误率自然就降低了。

2. 将错就错,因势利导

教学时,教师如果从学生出现的错误做法出发,进行引导点拨,不仅能引出正确的想法,还可以"将错就错",拓宽学生思维。

如应用题"桃树有 45 棵,比梨树的 3 倍多 6 棵,梨树有多少棵?"学生列出的算式有:①3×(　　)+6=45;(2)3×45-6;③(45+6)÷3;④(45-6)÷3;⑤45÷3-6;⑥45×3+6……解法很多,究竟谁对谁错?通过学生合作,结合线段图,学生很快"统一"了答案,①、④是正确的。这时,教师"将错就错",因势利导:"如果是其他算式,你能改变原题中的条件,改编出应用题吗?"学生的思维打开了,针对其他算式改编出应用题。这样的"将错就错",举一反三,既丰富了知识,又拓展了思路,学生的求异思维能力得到了提高。

诱"错"——柳暗花明又一村

音乐界有这样一个故事,世界著名指挥家小泽征尔当初参加一次世界性的比赛时,曾连续三次中断了指挥,因为他认定乐谱中出现了"错误"。其实,这正是评委们故意设下的"陷阱"。事实上,对这个"陷阱"的大胆否定,正验证了小泽征尔作为音乐指挥家的真正实力。教师也应善于恰当设置一些这样的"陷阱",让学生在这种真实、饶有兴趣的考验中摔打,这样,他们的选择、辨析、批判能力将会得到很大的提高。

如学习了"能被2、5整除的数的特征"后,学习"能被3整除的数的特征"。教师故意设置"陷阱":"能被2、5整除的数,要看它的个位。同学们猜想一下,个位上是几的数能被3整除呢?"学生异口同声地回答:"个位上是0、3、6、9的数能被3整除。"这时,再结合具体的数字,师生共同验证。学生很快便发现这个"答案"是错的,判断一个数能否被3整除看个位的思路是不正确的。在此基础上,教师及时诱导,引领学生变换角度去探求新知。学生走进了"陷阱",又从"陷阱"里走了出来,继续去寻找新的答案,真是"山重水复疑无路,柳暗花明又一村"。

"不经历风雨,怎能见彩虹!"是的,学生的"错误"是宝贵的,课堂正是因为有了"错误"才变得更加精彩。我们要让"错误"美丽起来。只有在"出错""纠错"的探究过程中,课堂才是活的,教学才是美的,教师也才是称职的。

可以看出,《这个忙帮得是时候吗?》属于先叙后议型,主要是针对教育现象进行批评并提出自己的观点;《课堂因"错误"而精彩》是议论性随笔,针对某种教育现象发表自己的观点。

(四)教育随笔的内容

由于每位教师都不可避免地面对很多的内容,那么是不是都写下来呢?应该写什么呢?哪些内容是有价值的、值得写的呢?这是一个值得关注的问题。

1. 成功的喜悦

成功是令人欣喜的。在教学中,每个教师都会有成功的地方,像令自己满意的一堂课、一个精彩的教学环节、对每一节课独具匠心的教学创意、对学生的每一次成功谈话、一个巧妙的问题设计等。当教师成功的时候，需要静下心来仔细想一想：自己为什么会取得成功？主要收获在哪里？主要经验在哪里？这样把自己的成功之点写下来，就是一篇好的教育题材。这些难能可贵的见解也是对课堂教学的补充与完善，可拓宽教师的教学思路，提高教学水平。因此，将其记录下来，可以作为以后丰富教学的材料养分。

2. 失败的教训

教师在教学中遇到挫折、遇到失败是难免的。教学中的失误，不仅是一种课程的资源，更是一种促进教师发展的有效资源。面对自己的失败之处，需要我们对它们进行回顾、梳理，冷静地想一想，深刻地进行反思、探究和剖析：为什么会失误？主要的原因是什么？用什么方法弥补？应该吸取什么教训作为以后教学的前车之鉴？思考一下再教这部分内容时应该如何做，从而做到扬长避短、精益求精，把自己的教学水平提高到一个新的境界和高度。这也是一个剖析自我、完善自我的过程。

3. 教学中的闪光点

教学，不仅仅是一种告诉，更重要的是如何引导学生在情境中去经历、去体验、去感悟、去创造。由于学生是学习的主体，他们的思维活跃，常常会于不经意间产生出一些"奇思妙想"，生发出创新的火花。因此，教师应当充分肯定学生在课堂上提出的一些独到的见解，及时地捕捉这些细微之处流露出来的信息，并借机引发学生开展讨论、交流，这样将会给课堂带来一分精彩，给学生带来几分自信。同时在课后的时候，我们也要及时去反思，去捕捉、提炼，并撰写出来，这样不仅为教研积累了第一手素材，同时可以作为教学的宝贵资料，有利于拓宽教师的教学思路，提高教师的教学水平。

4. 教学机智

教育随笔也是教师梳理记录自己教学生涯的一种很好的形式。课堂教学中，随着教学内容的展开，师生的思维发展及情感交流的融洽，往往会因为一些偶发事件而产生瞬间灵感，这些"智慧的火花"常常是不由自主、突然而至的。若不及时利用课后去反思、去捕捉，便会因时过境迁而烟消云散，令人遗憾不已。对于教学机智，有时不适合写成论文，也不想记成流水账，那么撰写随笔不失为一种选择。它不仅叙述了教学行为，也记录了伴随行为而产生的思想、情感及灵感,作为个人的教学档案和教育史,不乏独特的保存和研究价值。

二、教育随笔的撰写

(一)选择素材

1.选择具体的材料

教育随笔主要是对某一具体的教育现象、教育问题发表观点看法,因此它必然以一定的具体的材料做支撑,否则观点看法就无从谈起,议论也只能是空发。这里所讲到的教育现象可以是一件具体的事,也可以是一个词、一句话、一个实例,同时对具体的材料也要有的放矢、切中要害。有位哲人曾说过:"生活之美无处不在,只是你缺少一双发现美的眼睛。"只要你留心发现,在看似平淡的生活中,可以捕捉到隐藏着的精彩。

2.选择典型的新鲜材料

教育随笔所选取的材料要典型,立意要新,也就是说要努力抓住自己教学中既有代表性又有普遍意义的鲜活事件,并对其进行挖掘和思考,再从教育教学的理论高度上进行分析,提出真知灼见,给人以启迪,让别人看后也会有耳目一新的感觉。有时在思考问题的时候可以从新的视角,也就是说要改变平常人的思维习惯,运用变形思维、逆向思维等方式去思考,否则将会失去生命力。

3.选择"小"的材料,以小见大

教育随笔是一种短小精悍的文体,所以一般不就大是大非问题写成长篇大论,它受篇幅所限,只宜选择"小"的材料,从个别具体的事例出发,从低立足点去看问题。当然所选取的事件材料要把中心思想集中到一点上来,反映较深刻的问题和道理,使读者透过现象看本质,通过个性看共性。

(二)锤炼题材

1.仔细阅读解读他人的随笔成果

苏霍姆林斯基说:"一个真正的人应当在灵魂深处有一份精神宝藏,这

就是他通宵达旦地读过一二百本书。"要仔细翻阅报纸杂志上贴近中小学教师工作实际的教育随笔,细细地分析一下它们是如何抓住教育中的事例、如何总结提炼得出自己观点的,经常阅读,久而久之,就会豁然开朗、受益匪浅。

2. 注重相关理论的积累

首先要坚持不懈地学习新的教育理论和教育方针政策,提高对教育现象的感受力。其次要经常阅读教育名著、教育教学报刊,密切注视教坛发展动态。同时,写教育随笔也离不开大量的阅读和对教育教学的敏感,为此,平时要经常阅读文章,扎扎实实地研读并做好摘抄,写下自己的读书感悟,改变自己的教育理念,培养自己的教育情感,并注意把平时学到的理论运用到实际工作中,这样处理起素材来自然会得心应手,对问题分析透彻,容易抓住问题的本质。

(三)撰写教育随笔

教育随笔的撰写主要包括标题的拟写和结构的安排。

1. 标题的拟写

教育随笔的标题要简洁醒目、生动传神,富有吸引力。对于中小学教师来说,常见的教育随笔标题主要有以下几种表达方式:

(1)中心式

中心式也就是把文章的中心内容归纳出来作为文章的题目,通常这个中心是作者议论的目的意图,表明的是文章的论点,是文章思想的提炼。当别人读文章时,能在字里行间触摸到你那跳动着的思想脉搏,一向平淡无奇的现象也包含着深意。如"教师,请您'口下留情'"。

(2)事件式

事件式即把自己经历过的、看过的、听过的事例作为标题,如果文中写了几个事例,就以主要事例作为标题。如"一次有意义的家访"。

(3)比喻式

比喻式即把文章的中心或主要事件用生动有趣的比喻来作为文章的标题。如"我也有个'金点子'"。

(4)提问式

对于值得与他人探讨、商榷的问题,可以以提问的方式体现出来。比如

"我们的课堂,我们怎样做主?""听课时,坐在哪里好?"。也可以是反问句,比如,针对一些人没有真正理解素质教育的含义,到处贴标签,随便搞一点活动就美其名曰素质教育的现象,有位老师写了篇《活动课就是素质教育?》的随笔。此外,还可以用选择句,如"站着读还是跪着读?"。

2. 结构的安排

由于教育随笔的形式比较自由,结构也比较简单,通常有叙事和议论这种文体的两大主要板块,因此,构成方式通常来说有先叙后议、先议后叙、叙议交替、先引后议等几种。如下面两篇教育随笔《美丽的"台阶"》和《月亮掉下来了,我们怎么办?——〈一个中国孩子的呼声〉教学片段评析》就属于先叙后议的构成方式。

美丽的"台阶"

张朝全

和学生一起学完《爬天都峰》,我在检查学生生字词的学习情况时,一个叫李钒的学生主动要求上来听写词语。在写"石级"这个词时,他先写完了"石"字,然后又写了个"纟",却怎么也写不出另一半,急得脸都红了。下面的同学纷纷把手举起来,要求上来帮他写。"是找个学生给他说,还是让他下去另请一名学生来写呢? 还是……"他在讲台上急,左顾右盼;我也在心中急,犹豫着。就这样让他下去,他肯定没面子;要是请个学生来帮他,他还是没面子;如果我悄悄跟他说,他仍是没面子。何况他脸还红着呢! 终于,我说:"同学们暂时不要慌,现在我们让李钒去看一下教室的门牌,然后他就会写出来的。"于是,他出去了,很快便蹦跳着进来了,十分认真地在"纟"的旁边写上了"及"字,然后高高兴兴地下去了。借此机会我赶忙对大家说:"你们看,李钒出去看一下就把这个字写来了,所以呀,生活中处处都有汉字,我们可要多观察哟!"

在后来的 20 多分钟里,李钒听课特别认真,还常举手回答问题,一双大眼睛不时地望着我,眼里满是自信,还充满了对我的感激。

这个看似不经意的举动,保住的是孩子的自尊心,点燃的是孩子心中那份对知识的渴望,唤醒的是学生求知的方法,收获的定是学生成功的人生。也许就是今天这件小事,会让李钒从此记住"级"字,终生不忘,而且他的学习兴趣一定会大增,做事情充满自信,生命便会活力不断。

我想,多一个解决问题的办法,便会多一个成功的学生。

月亮掉下来了,我们怎么办?
——《一个中国孩子的呼声》教学片段评析

王培辉

[教例]人教版第八册《一个中国孩子的呼声》

今天,我们中国的孩子虽然生活在和平环境中,但是世界并不太平,不少地区还弥漫着战争的硝烟,罪恶的子弹还威胁着娇嫩的"和平之花"。

师:"威胁"的"胁"是个生字,你想怎么记住它?

生:我是这样记的——把"协助"的"协"的"十"字旁换成"月"字旁就行了。

师:嗯,你用的是换偏旁法。谁有不同的想法?

生:也可以在头脑中想象着八根"肋骨"的样子来记住它。(众笑)

师:哈哈!这个办法有创意。我们来给它取个名称吧。

生:我想叫"想象记忆法"。

生:叫"画面记形法"。

生:叫"望形生景法"。

师:同学们说得真好。你们喜欢哪个名称就叫哪个名称。——还有不同的方法吗?

生:我准备编一个故事来记住它——在漆黑的小巷里,有八个歹徒拿着八把刀抵住一个过路人的肋骨说:"把钱拿出来,不然就杀了你!"(学生紧张地睁大眼睛)

师:(追问)那后来呢?

生:后来……嗯,正在这时,有八个警察闪电般地出现了,手里还拿着枪呢。那些歹徒一看形势不妙,只好把刀子扔了,乖乖地举起了双手。(学生都舒了一口气,笑了)

师:好险啊!大家发现没有,他很聪明,不但记住了字形,而且还把"威胁"的意思形象地表现出来了——你能给这种办法取一个名字吗?

生:就叫"故事联想法"吧。

生:我还能用一句话来记住它——月亮掉下来了,我们怎么办?

师:(惊奇)有意思! 不过,你能说说你是怎么想的吗?

生:我想,"月亮"的"月"和"怎么办"的"办"合起来就是"胁"字,而且月亮如果掉下来,就会给人类的生存带来严重的威胁。(众鼓掌)

师:好! 了不起的想法。老师帮你取个名称吧,就叫"赵明识字法"。(该生叫赵明)(众大笑,继而热烈鼓掌。该生得意地坐下)

师:接下来,我们也像赵明同学这样,用自己的方法来记住其他的生字,好吗?(课堂气氛非常活跃,学生跃跃欲试)

[评析]

阿基米德说:"给我一个支点,我就可以撬起地球。"我想引申到今天的课改中就是:"给课改一个支点,课改才能有质的飞跃。"那么,课改的支点在哪里呢? 以上教学片段可以为我们提供几点有价值的思考。

第一,在这一教学片段中,教师的角色已经变成了一个真正的引导者。这个引导不是将学生引到自己事前准备好的答案上去,比如让学生说出"胁"字的间架结构,书写时的注意事项等。而是引导学生去发现、去想象,得出自己的独特见解,教师没有强加于人的痕迹。

第二,在这一教学片段中,学生是知识的发现者。教师重视的是让学生主动探究记住字形的方法和规律。在寻求字形特点的互动过程中,经过了一系列的判断、比较、选择,多种观点不断碰撞,学生的求异思维和创造思维被充分激发出来了,从而获得了富有个性化的理解和表达。

第三,教师尊重"儿童文化",发掘"童心""童趣",使教学过程充满情趣和活力的做法也是值得肯定的。当学生发现除了拆字法,还可以想象成八根肋骨来记住它时,教师善于捕捉学生的这一创新火花,及时给予表扬,并引导学生深入思考总结成记忆方法。学生受到鼓励,学习兴趣和热情空前高涨,从而产生了"月亮掉下来,我们怎么办"这一令人称绝的奇思妙想。

因此,我想只有彻底转变学习方式,将尊重每一个学生的独特个性和具体生活,引导和帮助学生进行主动的富有个性的学习作为课改的支点,才能真正焕发出课程的生命力和创造力。

第三节　教育调查报告的撰写

一、教育调查报告的特点

(一)真实性

(1)调查报告的材料是真实的、客观的存在。

(2)调查报告是用事实说话,属于实证研究。

(二)针对性

(1)调查报告必须明确解决什么问题,是理论问题,还是实践问题?

(2)要明确调查报告的读者对象。

(三)新颖性

教育调查报告应注意引用一些新颖的事实,提出一些新的观点,形成一些新的结论。

(四)时效性

时效性是指调查报告的撰写要及时。调查报告多属应用性研究,延误时间过长,就会失去其现实意义。

二、教育调查报告的种类

(一)概况调查报告

概况调查报告是围绕着调查对象的基本情况或全面情况而撰写的。

(二)专题调查报告

专题调查报告是围绕某个专门问题而撰写的,如"大学生就业问题调查报告"。这类报告的特点是研究范围小,针对性强。

(三)典型经验调查报告

典型经验调查报告与经验总结相类似。其特点是着重谈做法、效果和体会,不强调叙述过程和原因。

(四)新事物调查报告

新事物调查报告应着重说明新生事物"新"在何处,它有何意义和作用。

(五)揭露问题调查报告

揭露问题调查报告的分析要实事求是,不能无限上纲。

(六)历史考察调查报告

历史考察调查报告是对教育问题的纵向调查分析,目的在于揭示教育现象发展的趋势或规律。

(七)政策研究调查报告

政策研究调查报告主要是为正确制定教育政策或正确招待教育政策服务的。

三、教育调查报告的结构

调查报告除题目、摘要、关键词、注释等以外,其正文的结构主要包括:问题的提出、调查对象与方法、调查的结果与分析、调查结论与建议。

(一)问题的提出

这部分主要是用来说明调查问题的缘由和背景:调查什么问题,为什么要调查问题,调查该问题的意义是什么等。

(二)调查对象与方法

这部分是用来说明调查的对象来源、调查对象的抽样方法,调查什么内容、用什么工具进行调查,以及调查的过程和步骤等方面的问题。

(三)调查的结果与分析

这是调查研究报告的重要部分。这部分包括两方面的内容:①通过叙述、调查图表、统计数字及有关资料,把有关调查结果呈现出来;②运用定量、定性方法对调查结果进行分析。

(四)调查结论与建议

这部分是在对调查结果进行定量性分析的基础上,概括出调查研究的结论,揭示问题的实质或事物间的规律性联系,并为解决问题提供方案或建议。

调查报告的结构并不是一成不变的,在实践中根据需要可做出调整。但是调查报告作为实证研究、定量研究的结果表述,其结构要比哲理型论文显著而稳定。上述四个结构部分常常就是教育调查报告的小标题。

看下面这个例子:

昆明中小学减负情况调查报告

王资岳　熊　梅

(云南师范大学教育科学与管理学院,云南昆明 650092)

摘要:本文通过对昆明地区部分中小学生家庭教育现状的 2395 份问卷调查,从学生的角度了解学生最迫切需要减轻负担的方面,分析学业压力的来源,了解一年来学校减负的情况。通过一系列统计分析得出:影响中小学生全面素质发展和身心健康的课业负担,表现为相互关联又互为因果的外化负担和内化负担两种形式。学生课业负担的减轻应该是由学校、家庭和社会来共同完成,学校所能做的仅仅只是部分工作,不可能由学校独立完成。

关键词:中小学生　减负　调查报告

一、研究目的

目的之一,对昆明地区开展减负以来,不同区域学生学业压力的主要构成进行分析,找到减负的主要途径。

目的之二,了解减负一年多以来,昆明学校的减负情况,分析学校在减负过程中所担负的责任。

二、研究方法

研究主要采用问卷调查法收集资料,并配合访谈,查阅国内有关资料和文献。

调查对象为昆明地区 14 所中小学校的初二学生、家长,小学三年级、五年级的学生、家长。

本次问卷共发放问卷 2400 份,收回有效问卷 2395 份;家长、学生基本上采用一对一取样。此次调查数据利用 SPSS10.00 统计软件进行分析。

调查时间是 2001 年 4 月。

三、结果分析

1. 学生最迫切需要减轻的方面

表1　认为"减负"应该是减轻(%)

	考试次数	心理、思想负担	过重的课业负担	课堂教学时间	经济负担
小学学生	7.27	27.34	43.33	9.11	12.68
中学学生	7.83	40.27	41.83	3.8	6.04

对学生进行减负是势在必行,但我们有必要先来了解一下哪些才是学生感到压力最大的方面。对于这个问题,表1反映出中小学生同时认为应该减轻过重的课业负担,中学生对于减轻过重的心理、思想负担提出了强烈要求,说明减负不能只强调有形的课业负担,同时更应该注意中学生的心理、思想压力。小学生的心理、思想负担是不可忽视的,他们小小的心灵也背负着沉重的压力,同时他们还对经济负担表现出超出年龄的担心,这一些负担都是他们所承受不起的,然而小学生感到最重的还是课业负担,这是学校减负工作中尤其需要考虑的方面。

(此处略去部分内容)

2. 学生学业压力来源分析

在学生感受学业压力方面,中小学生的整体感受基本相同,没有出现统计意义上的显著性差异,学生们压力的最大方面来自于他们自己,而学生自身的压力是由于社会环境的综合影响而形成的。学校对学生产生的压力只是众多压力中的一部分,其中中学生感受到的学校压力(25.73%)明显高于小学生(13.47%),从这里我们可以发现中学的学业压力和负担要高于小学。除学校以外对学生产生学业压力的整体水平,中学生高达 86.13%,小学生高达 73.61%,可以说,中小学生的学业压力更多的是来自于学校以外,其中家庭是一个最大的因素,关于这一点我们可以从家长对孩子的期望值中清楚地看到(见表2)。

表2 家长对孩子的文化程度期望百分比

问卷	区域	高等教育	其中硕士以上	高中以下
小学家长	城市	99.1	72.6	0.9
	郊区	97	41.3	2.4
	城镇	95	57.3	4.3
	农村	84	36	14.5
中学家长	城市	85	51.1	2
	郊区	92.5	45.6	7.6
	城镇	86	35.1	12.3
	农村	61.6	22.4	38.3

(此处略去部分内容)

3. 一年多来学校的减负情况

要考察一年多来减负工作的成绩,就有必要先了解减负以前学生课业负担的情况,表3所显示的是减负以前情况。从昆明地区中小学总的情况来看,课业负担相对于中小学生似乎并没有舆论所宣传的那么严重,对课业负担感到过重的学生主要出现在城镇和农村地区中学,所占百分数也并不是高得可怕,分别是 12.7% 和 13.6%。相反,小学和城市、郊区中学感到较轻的比例分别占到 12.55%、8.6%、7.2%。

表3 "减负"前课业负担情况(%)

		很重	较重	适中	较轻	不清楚
小学学生		6.74	14.13	64.07	12.55	2.38
中学学生	城市	5.4	19.5	63.8	8.6	2.7
	郊区	5.8	20.3	65.2	7.2	1.4
	城镇	12.7	29.6	52.1	2.8	2.8
	农村	13.6	22	56.8	2.5	4.2
	平均	8.72	21.7	60.63	5.82	2.91

经过一年多的减负,各级学校大多都进行了减少教学时间和减少作业量的工作,从整体来看取得了一定成绩,见表4。感觉减负后课业负担仍然很重的中学生相应减少了4.02个百分点,城镇和农村中学取得的减负成绩似乎更明显,而城市小学和中学的学生感受课业负担较轻的人数增加较大,分别增加了11.6和10.9个百分点。

表4 "减负"前后课业负担变化情况(百分点)

		很重	较重	适中	较轻	不清楚
小学学生		−2.5	−5.0	−5.15	11.6	1.1
中学学生	城市	−2.7	−7.1	−1.6	10.9	0
	郊区	1.4	−11.6	0	7.3	2.9
	城镇	−9.9	−19.7	29.6	1.4	−1.4
	农村	−6	−13.5	12.7	5.1	0.9
	平均	−4.0	−11.4	6.93	7.38	0.67

(此处略去部分内容)

四、结论

从以上问题综合来看,影响中小学生全面素质发展和身心健康的课业负担,表现为相互关联又互为因果的外化负担和内化负担两种形式。外化负担是可量化负担,如加课时、早晚自习、各种补习班、题海式重复练习等高强度、大体力疲劳式强化教学。内化负担是不可量化负担,即心理负担。心理负担的轻重程度依各学校教育观念和教学方法不同、课程难度的要求不同、各学生家庭环境不同、各学生学习能力及性格等自身情况不同而有所差异,但的确是绝大多数中小学生共同感受到的使他们难以承受的负担。所以,我们可以认为课业负担是一个综合体,学生对过重课业负担的实际理解也不完全是有形的外化负担,实际上同样也包括内化负担。学生课业负担的减轻应该是由学校、家庭和社会来共同完成,学校所能做的仅仅只是部分工作,不可能由学校独立完成。

第四节　教育观察报告的撰写

一、撰写的基市要求

(一)客观性

客观性是科研成果的生命所在。研究者必须具备严谨的、实事求是的科学态度来实施研究、表述研究成果。观点要正确,材料要可靠,论证要以事实为依据,推理要合乎逻辑,不可无根据地主观臆断。

(二)创造性

创造性是衡量教育科研成果质量高低的重要依据。研究者在实事求是的基础上,提出新问题、探求新的解决方案、寻求新的教育规律、从新的角度去表述研究结果,同时要处理好"新"与"真"的关系,既要求新,更要求真。

(三)规范性

研究成果的表述要按照一定的格式,符合最基本的规范要求,要有严格的逻辑结构和正确的论证方法。论点要明确,论据要充分,论证方法要科学。要有规范的学术语言和朴实的文风。

二、撰写格式

(一)观察报告

观察报告一般包括题目、引言、正文、观察结果、附录。

1. 题目

题目应该简明扼要,要反映观察的对象和观察的内容,如"中小学生课堂注意特点""中小学高年级学生课堂表现情况"等。如有必要,可以加副标题补充说明主标题未能包含的信息,如观察的范围、背景等。

2. 引言

引言位于观察报告的开头。一般应阐明:进行观察的原因与目的、意义,观察采用的方法,运用的观察手段、观察时限等。

3. 正文

正文是观察报告的主体部分。这部分详细描述观察内容,列举经过筛选的能够说明问题的观察记录。观察记录要进行分类整理,并做出必要的统计分析。

4. 观察结果

观察结果是在对大量观察记录的资料进行分类整理、统计分析的基础上得出的结论,或提出的意见和建议。

5. 附录

附录包括各种观察记录表、原始数据、参考文献等。

(二)调查报告

调查报告一般包括题目、引言、正文、讨论或建议、结论、附录。

1. 题目

题目要以确切、中肯、鲜明、简练、醒目的语言概括全篇内容,点明调查范围、调查对象。常用的写法有三种:①类似文章标题的写法,如"中小学环境教育的现状分析与对策建议";②类似公文标题的写法,如"农村义务教育情况的调查报告";③正副标题的写法,如"'明星与孤雁'——中小学生人际关系的调查与思考"。

2. 引言

引言应简明地阐述调查的目的、意义、任务、时间、地点、对象、范围、取样等。要强调调查的目的性、必要性和价值,使读者了解全貌,引起对这一问题的关注。要详细说明调查的方法、方式等。

3. 正文

正文是调查报告的主体部分,是详细的调查内容。通过对调查获得的大量资料的分析整理,归纳出若干项目,逐项加以阐述,做到数据确凿,事例典型,材料可靠,观点鲜明。调查数据一般要采用图表形式表示,使人一目了然;如能应用统计分析,则可提高数据分析的科学性,增强问题的说服力。

4. 讨论或建议

在对调查内容进行总体的定性、定量分析的基础上,可以深入地讨论一些问题,归纳、概括出事物的内在联系,对调查结果做理论上的进一步阐述,摆出自己的观点,提出意见和建议。

5. 结论

结论是整个调查研究的结果。一般可通过逻辑推理,归纳出结论。即简单交代调查研究了什么,得出了什么结果,说明了什么问题等。

6. 附录

附录包括调查工具和部分原始资料,以及参考文献,即在调查研究过程中参考了、引用了哪些资料,要注明材料的出处、名称、作者、卷期、页码、出版单位、日期、版次等。

(三)教育实验报告

教育实验报告一般包括题目、引言、实验方法、实验结果、分析与讨论、结论、附录。

1. 题目

题目是研究报告的主题思想。应当用简练、概括、明确的语言反映出教育实验的对象、领域、方法和问题,使读者一目了然。题目应尽量避免冗长,可以加副标题,使主标题更加简练。

2. 引言

引言也称前言、导语,是教育实验报告正文的开头部分。要简明扼要地说明实验课题的来源、背景、实验进展情况、实验对象和规模等,表明解决该课题的价值与意义。表述要具体、明确,一语道破。

3. 实验方法

说明实验方法是为了让人了解研究的结果是在什么条件下,通过什么方法,根据什么事实得出的,从而判断实验研究是否科学,实验结果的真实性及可靠性如何,并可据此进行重复验证。

4. 实验结果

实验结果是教育实验报告的主要部分。要简要说明每一结果与研究假设的关系,将研究结果作为客观事实呈现给读者。

5. 分析与讨论

要运用教育理论来分析与实验结果有关的问题,为研究结论提供理论依据。

6. 结论

结论是对整个实验的一个总结。它直接来自实验结果有关的问题,因而不是对实验结果的分析。研究报告下结论必须慎重,语言要准确、简明,推理要严密而有逻辑性。

7. 附录

教育实验报告附录所包含的内容与调查报告大体相同。

第一节 中小学教师科研课题申报

课题申报是课题研究的一项重要内容。课题申报成功能够获得一定的资助,有助于课题研究的进行。要想成功申报课题,就必须有好的课题申报书。如何才能写好课题申报书呢？课题申报书的写作,不仅是一个写作的问题,同时还是研究者科研素养的综合体现。因此,要在课题申报书中,充分地展现申报者的科研素养。[①]

一、课题申报程序

课题的申报程序一般包括:获取课题申报信息、确定申报的课题、填写课题申请·评审书、提交课题申请·评审书。

(一)获取课题申报信息

一般来说,课题主管部门会定期或不定期地通过下发纸质通知和网络通知的方式公布课题申报信息。例如甘肃省的教育科学规划课题,一般在"甘肃省教育科学研究所"网站(http://www.gsier.com.cn/jks/index.html)

---

① 王澍,倪娟.中小学教师威信问题及对策研究[J].上海教育科研,2019,382(3):81-85.

公布。公布的课题申报信息主要包括课题申报指南、课题申报要求、课题申报表格等。这些信息往往从网络上能够看到,并可下载。课题申报者要关注和留意这样的信息。

(二)确定申报的课题

课题主管部门公布的课题申报信息中一般都有课题指南,申报者可根据自己研究团队的专业结构与能力水平、已有研究基础等,选择某一适合的课题进行申报,也可以根据自己的研究积累和研究兴趣自选课题进行申报。从申报命中率的角度,建议尽量从课题指南中选择相关的课题进行申报,这样的命中率相对自选课题要高一些。

(三)填写课题申请·评审书

课题申请·评审书是课题申报的通行证。填写课题申请·评审书是课题申报中的关键环节。课题能否申报成功,关键就看课题申请·评审书填写得如何。课题申请·评审书包含课题名称、课题研究可行性论证、已有研究基础等内容。课题申请·评审书的写作要做到逻辑严密、思路清晰、方法独特,能够说服课题评审专家,让他们确认申请人完全有能力完成这一课题。课题申报表的填写有两种方式。一种是直接在纸上填写,最后提交。另一种是先在网上填写、提交,然后下载填写表格,打印后提交。

(四)提交课题申请·评审书

现在的课题申报大多通过课题管理机构提供的申报软件,在网上提交课题申请·评审书,同时寄送纸质课题申请·评审书。

二、课题申报要求

申报课题要熟悉课题申报的要求,这样才能少走弯路,为准确填写课题申请·评审书打下良好的基础,为申报成功提供必要的条件。①

---

① 林琳.论新时期中小学教师的师德师风建设[J].科学咨询(教育科研),2019 (9):98.

（一）研读相关要求

申请人填表前应仔细阅读有关申报须知、课题指南和填表说明。对这些内容的准确把握，可以达到事半功倍的效果。

1. 认真阅读"申报须知"

申报须知是对整个课题申报过程中"必须"注意事项的说明，一般比较详细地列举课题申报"必须"注意的事项。不注意这些事项，不遵循"申报须知"的要求，可能会直接导致申报不成功。

2. 认真阅读"课题指南"

课题指南主要是发布课题的范围或题目。虽然许多课题发布机构允许申报者自选课题，但从申报成功概率的角度看，从课题指南的范围内选报更易胜出。课题指南表达了课题发布机构的需求，能够适应并满足其需求的申报当然更易被选中。因此，要认真研究课题指南，并尽量从中选择课题。即使所选课题与课题指南不一致，也应尽可能地贴近课题指南所指出的方向。

3. 认真阅读"填写说明"

填写说明，是对课题申报者填写课题申请·评审书注意事项的说明。填写说明，一般比较详细、具体、明确地说明了填写时应该怎么操作，具有非常强的可操作性和指导性。填写说明，也是在填写时必须遵循的，需要准确无误地掌握。

（二）注意申报限制

课题申报对申报者的资格、申报填写等有一些条件限制，必须加以注意。

1. 年龄限制

有些课题，特别是青年课题，对申报者的年龄有要求，必须是一定年龄段的人才有资格申报。比如，要求申报者须在 40 周岁以下。

2. 职称限制

有些课题对申报者的职称有要求。比如，重大课题、重点课题要求申报者须具有正高级职称。有些课题要求非高级职称的申报者申报时要有两名或以上具有正高级职称者写推荐信等。职称限制的目的是设置一定的门槛,使申报者具备一定的申报资质,从而保证课题研究的质量。

3. 字数限制

有的课题对申报填写的字数没有限制,大部分课题对申报填写的字数都有限制。字数限制主要表现在两个方面:一方面是标题字数限制,另一方面是论证字数限制。

(1)标题字数限制

标题字数限制,即限制标题的字数,以防止标题过长。不同课题对标题字数的限定不同,须严格按照要求来填写。一般规定,标题不得超过15个字或20个字。标题字数包括副标题的字数。能够不用副标题的,尽量不用。

(2)论证字数限制

论证字数限制,即在论证过程中,对论证文字数量的限制。这又分为两种情况:一种情况是对整体的论证文字做出限制,对论证过程中每一部分的文字不做限制。比如,论证部分不超过4000字。另一种情况是对论证过程中每一部分都有明确的字数限制。比如,课题意义不超过800字,主要内容不超过1000字,参考文献不超过400字等。论证字数的限制是为了防止过于膨胀的论证。限制字数,在一定程度上也可以看出申报者在有限文字里充分表达思想观点的能力。

4. 信息限制

信息限制是指在"论证活页"或其他需匿名评审的材料上,不得出现相关信息。这些信息包括作者的身份信息、作品的发表信息等。

身份信息,比如不能泄露申请人及成员的姓名、工作单位、师承关系等。作品的发表信息,主要是不能泄漏自己作品的发表刊物、发表时间(期数)等。

信息限制是为了保证评审的客观公正,防止评审者从中获取申报者信息,从而给予照顾或打压,防止不良评审结果的出现。

三、课题申请·评审书的写作

课题申报的核心在于填写好课题申请·评审书。课题申报书的内容，因课题发布机构的不同而有所差异。虽然如此，但一些基本项目还是大同小异的。一般而言，课题申报书包括以下内容。

(一)课题基本信息

课题基本信息主要包括申报者个人信息和课题基本信息。

1. 申报者个人信息

申报者个人信息包括课题主持者的个人信息和课题参与者的个人信息。

课题主持者指真正承担课题研究和负责课题组织、指导的研究者。不能承担实质性研究工作的，不得填写。课题主持者的个人信息，一般要求比较详细，主要包括姓名、性别、民族、出生日期、行政职务、专业职称、研究专长、最后学历、最后学位、担任导师情况、所在省市、所属系统、工作单位(按单位和部门公章全称填写)、联系地址、电子邮箱、联系电话(家庭电话、办公电话，手机、座机)、身份证号等内容。

课题参与者指真正参加课题并承担部分研究工作的研究者。不能承担实质性研究工作的，不能算为课题参与者。课题参与者，不含课题负责人，不包括单位领导，科研管理、财务管理、后勤服务等人员。课题参与者的个人信息，一般要求比较简略，主要包括姓名、出生年月、专业职称、学历、学位、研究专业、所属单位(按单位和部门公章全称填写)等。

申报者个人信息一般是比较固定的，申报者只需如实填写即可。

2. 课题基本信息

课题基本信息大致包括以下几个方面。

(1)课题名称

课题名称应准确、简明反映研究内容。课题名称的字数一般有限制，注意不要超过字数限制。有些课题名称的限制中标点符号算字数。

（2）课题类别

课题类别指课题的级别及类型。不同的课题发布机构所列的课题类型不同。比如，有的列"A.重点课题、B.一般课题、C.规划课题"。一般课题填写说明上会列出课题类别，可据此填写。

（3）学科分类

学科分类指课题研究所属学科范围。一般课题填写说明上会列出学科的分类及代码，可据此填写。

（4）研究类型

研究类型指课题研究的类型。研究类型一般分为四种：①基础研究；②应用研究；③综合研究；④其他研究。需选项填写，限报一项。

（5）申请经费额度

申请经费额度指课题申请的经费额度。注意经费额度的单位，多以元、千元或万元为单位。填写阿拉伯数字，注意小数点位置。如需填写中文大写数字，则注意不要写错别字。

（6）预期最终成果

预期最终成果指课题最终完成的成果形式，如论文、著作、研究报告、案例等。

（7）预计完成时间

预计完成时间指课题预计最后完成的时间，写明年月。

（二）相关研究成果

相关研究成果指负责人和课题组成员近年来取得的与本课题有关的研究成果。相关研究成果可以分为直接相关研究成果与间接相关研究成果。直接相关研究成果是可以为本课题研究打下基础或构成本课题研究部分内容的研究成果。间接相关研究成果是虽然不能直接为课题研究服务，但可以为课题研究带来启发或其他帮助的研究成果。

相关研究成果的年限要求，有的未予明确，有的则明确要求为近五年来或近三年来的研究成果。如果有具体的年限要求，应严格按照要求填写；如果没有具体年限，可根据课题成果的发表或出版时间，由近及远或由远及近地按顺序填写，也可根据成果的相关性或重要性填写，即把相关性强、重要性大的靠前写,反之靠后写。课题负责人和课题组成员的相关研究成果都可以写进来。

相关研究成果的填写内容,一般包括成果名称、著作者、成果形式、发表刊物或出版单位、发表或出版时间。其中,成果形式是指论文、著作、光盘、录音等。发表出版时间的填写有以下三种情况:

1. 论文发表时间的填写

以论文形式发表的成果,以发表期刊所标明的期数或出版日期为准。发表期数的填写,可以写为2012年第10期,也可以写为2012(10)。

发表日期的填写以期刊或报纸所标明的出版日期为准,例如,期刊发表的,可写为2012年10月;报纸发表的,可写为2012年10月18日,或2012-10-18。其中,1~9月或日,不足两位数的,前加零(0)添为两位数,例如,2012-06-08,表明是在2012年6月8日的报纸上发表的。

2. 著作出版时间的填写

以著作形式发表的作品,以版权页所标明的出版日期为准。有的书籍出版后会不断重印,注意不以重印日期填写,而以初版的日期为准填写。有的著作出版后会不断再版,再版著作的日期则以最新一版的日期填写。总之,是写最近版次的日期,而不是写印次的日期。

3. 光盘、录音发表或出版时间的填写

光盘或录音等成果形式,以制作完成或公开发行、播放的时间为准。如果是公开课的录像,也可以上公开课的时间为准填写。因为公开课也是一种公开发表。

(三)相关研究课题

相关研究课题指负责人和课题组成员近年来主持的相关重要研究课题。近年来的时限,有的未做明确限制,有的则是明确要求为近五年或近三年来的研究课题。这部分一般要求填写主持人、课题名称、课题类别、批准时间、批准单位、课题编号、课题金额、完成情况等内容。申报者根据实际情况,如实填写即可。具体内容需根据提供的表格项目填写。

(四)课题设计论证

课题设计论证是课题申报书中的核心内容。这部分内容往往会要求以论证活页的方式专门打印,以供专家匿名评审时使用。

(五)课题保障分析

课题保障分析也称为完成课题的可行性分析,主要包括已取得的相关研究成果及其社会评价(引用、转载、获奖及被采纳情况)、主要参考文献、课题负责人的研究经历、课题组成员的构成与分工、完成课题的保障条件等。

1. 已取得的相关研究成果

在申报书中,已取得的相关研究成果可以按照作者、成果名称、发表刊物、发表时间等信息比较详细地填写。但是,在评审书"课题设计论证"活页,即匿名评审部分,则需要隐匿相关信息。填写时,不得出现课题申请人和课题组成员的姓名、单位名称等信息,统一用×××代表。否则,会一律不得进入评审程序,或以故意泄露个人信息论处。

2. 研究成果的社会评价

研究成果的社会评价主要是已有研究成果的社会反响。一般可从研究成果的影响面、影响度等方面来写,具体而言,可以写读者的评论、成果的获奖情况、成果被采用的情况、成果的实际运用及效果等。为了突出成果的社会评价,可以把上述内容分类、分条目写作。

3. 主要参考文献

主要参考文献是指写课题申报书时所参考的主要的文献。主要参考文献的写作看似不重要,其实很重要。评审专家可以从有限的参考文献里判断课题申报者的水平。主要参考文献的写作要注意以下几点。

(1)注意文献的排序

参考文献的排序有不同的标准:以文献发表先后排序,以作者姓氏拼音排序,以发表刊物的音序排序,以在使用中出现的顺序排序,以与课题研究的相关度排序等。

参考文献最好以与课题研究的相关度来排序,即把与课题研究最直接相关的排在最前面,根据相关度递减原则排列文献。这样写的好处是可以让评审专家一眼就看出所列参考文献与课题研究的相关度,增加参考文献对课题申报的支持力度。

（2）突出代表性文献

参考文献的列举一般是有限制的，比如最多只列 10 条；即使没有限制，也没有必要把所有参考文献都列上。因此，需要精选有代表性的文献。如前所述，如果与课题研究直接相关的有代表性、典型性的文献缺失得比较严重，可以直接判断作者视野有限，没有能力完成本项课题。代表性、典型性文献的出现则可以增加评审者对申报人的信赖感。

（3）兼顾文献的类型

参考文献的类型，指期刊文献、书籍文献、报纸文献、专利文献、技术标准、学位论文、科技报告等，最好能够兼顾。不同类型文献的兼顾，可以反映出申报者宽阔的研究视野和深厚的文献积累。

4. 课题负责人的研究经历

课题负责人的研究经历或学术经历，主要介绍课题负责人的研究领域、研究方向，做过哪些项目、课题，有哪些研究成果，有何学术兼职等。这部分内容可以帮助评审者判断课题负责人是否有能力承担并完成所申请的课题。

在"课题论证设计"部分，即匿名评审部分，一般是不能出现课题负责人和课题组成员的姓名、单位名称等信息的。如果出现，可以被认为是故意泄漏信息，有作弊的嫌疑，可能会因此而被取消评审资格。因此，在涉及敏感信息时，一般都采取回避出现、模糊处理或代替出现的方式。

课题负责人研究经历主要是写"研究经历"，即与研究有关的经历，那些非研究的经历都不用写。这部分的写作要求简洁扼要、突出重点，把有代表性的研究经历写出来即可。

5. 课题组成员的构成与分工

（1）课题组成员的构成

课题组成员的构成主要包括成员的学历构成、专业构成、年龄构成、职称构成、经验构成等。

1）学历构成。主要是课题组成员的学历情况，以及各学历之间的比例。

2）专业构成。主要是课题组成员所学或所从事的专业情况。专业性研究需要以同专业的人员为主，而跨学科研究则需要跨专业的人员构成。

3)年龄构成。指课题组成员的年龄情况。成员的年龄情况,可以10年为一个单位来统计。比如,20~30岁的有几人,30~40岁的有几人,40~50岁的有几人,其平均年龄是多少,比例构成怎样。比较理想的年龄构成是老中青结合。

4)职称构成。主要是课题组成员低、中、高级职称的构成人数。

5)经验构成。主要是课题组成员从事研究的经历、经验情况。

这部分内容可以帮助评审者判断课题负责人所组建的研究团队在结构上是否合理,是否有能力完成课题研究。

(2)课题组成员的分工

课题组成员的分工主要是课题负责人和各成员之间在课题研究和管理等工作上不同职责的分配。

课题分工中,一般由课题负责人担任组长,负责课题的整体构思、课题申报、课题动态管理等。其他具有专业特长或管理特长的人任副组长,全面负责课题的实施或阶段性指导。主要成员则根据个人兴趣与专长,选择具体的任务。有的课题组还配备有学术顾问,也可以写在人员分工栏目里。

6.完成课题的保障条件

完成课题的保障条件,包括研究资料、实验仪器设备、配套经费、研究时间、所在单位条件等,可划分为资料保障、物质保障、经费保障、时间保障、管理保障等几个方面。

(1)资料保障

资料保障是指课题研究是否已经积累了一定的研究资料,是否能够获得研究所需的其他资料,是否能够保障研究资料的充分拥有和充分运用等。

(2)物质保障

物质保障是指课题研究所需要的场所、实验仪器设备等物质条件,是否能够保障课题研究的实施。

(3)经费保障

经费保障是指所申请的研究经费是否能够保证运用于所申请的课题而不作他用,除此之外单位是否有配套经费,是否还能自筹部分经费等。

（4）时间保障

时间保障是指课题负责人和课题组成员是否有足够的时间用于本课题的研究。

（5）管理保障

管理保障是指负责人所在单位是否支持本课题的研究、是否能进行课题实施和课题经费的管理等。

由上可见，课题申报是一项十分复杂，而且有点烦琐的事情，每一项内容都需要认真准备、仔细考虑、谨慎填写，既要写得宏观概括，又要写得细致入微，既要写得简洁明了，又要写出水平，写出质量，这是一件不容易的事情。但只要前期准备充分，选题设计得当，内容论证合理，获得立项还是值得期待的。

四、课题的立项

研究课题的立项是课题申报、评审工作的终结环节，标志着申请人的选题得到确认，可以开始进行具体的研究工作。同时，一定级别的课题立项，也在某种程度上标志着申请人相应的学术水平。

（一）课题的种类和层次

目前我国国家级课题共分为三大类，下面又分若干层级。一是全国哲学社会科学基金资助的项目。二是教育部资助的项目。三是各省、自治区、直辖市资助的项目。各省、自治区、直辖市的课题一般只分重点课题与一般课题，有的也设有重大课题、规划课题等类别。重大课题或重点课题一般有经费资助，一般课题或规划课题则没有资助或少有资助。

此外，在重点课题中，还常常有层次之分，一般分为主课题、子课题、二级子课题、三级子课题等。这主要是课题较大，研究范围较广，需要的研究力量比较多，从而形成课题的逐层分解。

（二）课题立项的基本原则

关于课题立项的基本原则，各省、自治区、直辖市多参照国家的原则，提出了本地教育研究课题的立项原则。一般如下：

（1）所选课题应以一定时期的"课题指南"为依据。

（2）课题立论根据充足，学术思想严谨，研究内容和攻关目标明确，研究方法科学，研究计划切实可行，具备按计划完成研究任务的各项具体条件。

（3）课题申请人必须是课题的第一负责人，课题研究的实际主持者，能切实承担从课题设计、实施到成果形成的实质性研究工作。

（4）课题组成员应具备课题研究所必需的业务水平、研究能力和健康条件，年龄、知识结构比较合理；所在单位能为其研究工作提供必要的条件和时间。应该在 1～2 年内完成。

（三）课题立项的评审机构和程序

各类教育研究课题，必须经过有关科研管理部门的资格审查和由其建立的学术委员会及其下设的专家组的评审，并报管理部门的领导机构批准，方可立项。教育研究课题立项评审一般要经过以下程序：

（1）各级教育科学规划领导小组办公室统一管理课题的申报，并负责分类登记，然后进行资格审查。

（2）课题申请书经资格审查合格后，分类送达各学科专家组进行评审。对跨学科的综合性课题，组成综合评审组进行评审。

（3）课题评审以会议方式进行，先由学科专家组成员分别审阅课题申请书，并提出个人初评意见，然后集体评议。

（4）在集体评议的基础上，评审组采取无记名投票方式予以表决，达到规定票数的课题，方可提名立项。

（5）所有课题由学科专家组组长在课题申请书的评审意见栏内签署意见。

（6）将各学科专家组的初评提名和评审意见集中上报主管部门，最后由教育科学规划领导小组予以公布。

研究课题批准立项后，由科研管理部门下达批准立项通知书，申请人接到通知后在规定时间内办理立项手续，签署"教育科学规划课题合同书"。至此，课题申报立项工作全部结束，研究工作就可以正式启动了。

第二节　中小学教师科研课题实施

一、开题论证的意义

课题获得立项之后,还需要做开题论证。开题论证,也称课题论证,是有组织地、系统地鉴别研究的价值,分析研究条件,完善研究方案的评价活动,是课题研究必不可少的环节。开题论证是一项严肃认真的工作,应以实事求是的科学态度进行,要认真准备论证材料,详细介绍课题情况,虚心听取论证意见和修改意见,并根据论证结论处理研究方案。[①]

开题论证对保证研究工作的顺利进行,提高研究质量等有着重要意义。

(一)有效鉴定课题的价值

开题论证通过对课题研究的问题所涉及的对象、内容等的考察,对研究背景的分析,与他人同类研究的比较等,揭示课题研究的实践价值或理论价值,进而决定课题研究是否可行。课题组与专家要共同就课题实施展开论证。课题组要论证的是课题可行性,如果不可行,就不用做了。专家的论证则既涉及课题的可行性,也涉及课题的不可行性。如果经过论证,认为课题研究是不可行的,那么就不需要做了。当然,这种情况极少。从理论上来说,开题论证就是要论证课题可行不可行,只有经过论证认为有价值、可行的课题才能继续做,否则就只能放弃。

(二)促进研究方案的完善

开题论证的目的是论证课题的价值与意义、可行性等,以帮助课题组进一步调整、完善研究方案,以利于研究的顺利开展。开题论证是一个交流沟通的过程。课题组成员可以向专家提出需要解决的疑问,专家会给予解决、

---

① 张洪波,张景斌.基于制度伦理视角的我国中小学教师政策文本分析[J].上海教育科研,2020(1):5-10.

指导;专家的指导往往会给课题设计者以启发,从而促进课题方案的调整、更新、完善。开题论证会也是一个提出意见和建议,对方案"品头论足"的过程。通过开题论证,可以发现课题研究方案中的不足与缺陷,进而指出修改或应对的措施,促进研究方案的完善。

(三)研究质量的可靠保证

经过开题论证,课题设计者根据同行、专家的意见或建议,对研究方案进行优化、完善,为研究的顺利实施奠定了基础。严格的开题论证对研究过程可能出现的问题做出预测,使整个研究的方向更加明确;开题论证还对研究的各项前期工作做了充分论证,可以使之得到更加充分的准备。这些都为课题研究质量提供了可靠的保证。

二、开题报告的撰写

开题报告是当课题方向确定之后,课题负责人在调查研究的基础上撰写的报请上级批准的选题计划。它主要说明这个课题值得研究,有条件进行研究,以及准备如何开展研究等问题,也可以说是对课题的论证和设计。

开题报告一般包含课题名称、课题研究的目的和意义、本课题国内外研究的历史和现状、课题研究的基本内容、课题研究的方法、课题研究的步骤、课题研究的成果形式等内容。

(一)课题名称

课题名称就是确定要研究的课题的名字。对课题名称的要求是:

1.准确、规范

准确就是课题的名称要把课题研究的问题是什么,研究的对象是什么交代清楚。如"××区教育现代化进程研究""中小学生心理健康教育实验研究""学科教学中德育渗透的研究""集中识字,口语突破"等。规范就是所用的词语、句型要规范科学,似是而非的词不能用,口号式、结论式的句型不要用。如类似"培养学生自主学习能力,提高课堂教学效率"这样的口号式句型就不适合作为研究课题的名称。

2. 简洁

不管是论文还是课题,名称都不能太长,能不要的字就尽量不要,一般不要超过20个字。

(二)课题研究的目的和意义

课题研究的目的和意义也就是为什么要研究、研究它有什么价值。一般可以先从现实需要方面去论述,指出现实当中存在这个问题,需要去研究、去解决,本课题的研究有什么实际作用,然后再写课题研究的理论和学术价值。这些都要写得具体一点,有针对性一点,不能漫无边际地空喊口号。

本部分主要内容包括:

(1)研究的有关背景(课题的提出),即根据什么、受什么启发而进行这项研究。

(2)通过分析本地(校)的教育教学实际,指出为什么要研究该课题,研究的价值,要解决的问题。

(三)本课题国内外研究的历史和现状

历史和现状一般包括:本课题研究者已经掌握的同类课题研究的广度、深度及取得的成果,寻找有待进一步研究的问题,从而确定本课题研究的平台(切入点)、研究的特色或突破点。

(四)课题研究的基本内容

课题研究的基本内容一般包括:

(1)对课题名称的界说。应尽可能明确三点:研究的对象、研究的问题、研究的方法。

(2)本课题研究有关的理论、名词、术语、概念的界说。

(3)研究的主要内容。如课题"初中语文活动课研究和实验"研究内容:①根据初中各年级学生的情况和语文教学要求,建立初中语文活动类课程的目标体系。②根据初中各年级语文活动课目标和语文学科的特点,安排初中各年级语文活动课的内容,并初步形成一个相对完整的活动课内容体系。③根据初中各年级语文活动课目标内容和初中各年级学生的心理特点,探索初中语文活动类课程的学习活动方式,在此基础上形成多种切实可行的语文活动教学模式。

(五)课题研究的方法

(1)说明本课题研究是否要设定子课题。一般而言,作为省、市级以上课题,最好设定子课题。各子课题既要有一定的相对独立性,又要形成课题系统。

(2)根据课题特点选定具体的研究方法。如要研究学生实践能力的现状必定离不开调查法;要研究如何优化中小学生个性宜采用实验法;要研究如何对青年教师进行培养可采用经验总结法;要研究问题家庭学生的教育对策可采用个案法等。

确定研究方法时要叙述清楚"做些什么"和"怎样做"。如要用调查法,则要讲清调查的目的、任务、对象、范围、调查方法、问卷的设计或来源等。最好能把调查方案附上。原则上,应提倡使用综合的研究方法。一个大的课题往往需要多种方法,小的课题可能主要是一种方法,但也要利用其他方法。

(六)课题研究的步骤

课题研究的步骤,也就是课题研究在时间和顺序上的安排。研究步骤要充分考虑研究内容的相互关系和难易程度,一般情况下,都是从基础问题开始,分阶段进行,每个阶段从什么时间开始,至什么时间结束都要有规定。

课题研究的主要步骤和时间安排包括:整个研究拟分为哪几个阶段;各阶段的起止时间;各阶段要完成的研究目标、任务;各阶段的主要研究步骤;本学期研究工作的日程安排等。如"农村中小学撤点并校问题研究——以庄浪县为例"(2014年甘肃省规划重点课题,立项号:GS[2014]GHBZ089)设计的研究步骤如下:

第一阶段(2014年7月至2014年10月):实验准备阶段

我们课题组从2014年7月开始启动该课题的研究工作。这一阶段的主要工作是成立了课题组,制定与论证课题方案,组织课题组成员参加理论学习和培训活动,制订实验计划。

第二阶段(2014年11月至2015年5月):实验实施探究阶段

1.调查研究

(1)研究目标:确定庄浪县南湖教委和岳堡教委为本课题研究的个案,确定研究样本,深入调查、了解老师和学生家长对农村中小学撤点并校的现状认识。

对部分教师和学生分别进行问卷调查,对调查数据进行分析与讨论。分析总结与农村中小学撤点并校相关的文献资料,并从中小学布局、数量等维度设计了相关的教师调查问卷和家长调查问卷。通过收集样本信息,从而对农村中小学撤点并校的现状整体把握和了解。

(2)研究方法:问卷调查与座谈。

(3)内容与步骤

1)编制问卷:为了充分了解农村中小学撤点并校情形,课题组参考有关资料编制问卷,然后邀请部分专家、教师对问卷内容进行补充和完善。

2)展开调查

①对庄浪县南湖教委部分老师和学生家长进行抽样调查。

②利用家长会对农村中小学撤点并校部分家长进行随机抽样调查。

③通过对岳堡乡政府、学校、上级主管部门进行调查,掌握农村中小学撤点并校现状及存在的问题。从数据上搜集一手资料。

3)调查结果处理:对调查结果进行统计分析,运用因素分析法提炼更科学的结论,写出调查报告,通过收集样本信息,从而对农村中小学撤点并校的现状整体把握和了解。

2.课题中期管理

定期召开课题组成员研讨会,检查进展,探讨实施过程中遇到的困难。对照《课题研究实施方案》中提出的各阶段的目标,认真地完成每一阶段的任务,实现了课题研究的预期规划。

3.具体活动

(1)2014年12月26日至2015年1月2日,课题组联系庄浪县南湖教委的相关领导和教师,通过座谈调查了解、收集资料,并采取与师生广泛交流等方式,多方面了解两所学校教师和学生与课题相关情况,作为课题组研究农村中小学撤点并校问题研究的主要依据。

（2）2015 年 3 月 10 日至 4 月 20 日，课题组联系岳堡教委，深入了解了乡村中小学学校近年来并校情形，通过问卷调查的方式抽样调查了学生和老师对农村中小学撤点并校的认识，从而发现农村中小学撤点并校待解决的问题。通过调查研究并进行深入分析之后，发现撤点并校并没有达到预期的效果，反而引发了一系列问题，如义务教育城乡差距扩大，"空心村"现象加剧，再就业压力加大，学生公共安全难以保障，乡村文化逐渐消失。

（3）2015 年 10 月 15 日，课题组为了完善农村中小学撤点并校的调查资料，选择对庄浪县南湖教委师生进行访谈。就目前的情况看，庄浪县南湖小学选作研究点很有代表性，学生总数 3500 人，教师 220 人，是一所规模比较大的农村小学。通过访谈发现农村中小学撤点并校中存在一些问题，与新时代教育的理念相悖，这些问题必须及时解决。

（4）在问卷调查和访谈的同时，课题组各成员坚持查阅各种资料和文献，寻找理论依据，并在研究和实践中，及时反思，总结经验，结合实际，撰写相关子课题、研究论文及报告，总结归纳了农村中小学撤点并校研究的相关理论和实践探索成果。

第三阶段(2015 年 12 月至 2016 年 4 月)：总结结题阶段

1. 撰写研究报告

收集汇编研究资料，对课题研究的整体情况做细致的分析、总结，整理有关调查数据及材料，总结活动中的经验、教训，撰写研究报告。

2. 完成结题报告

进行课题研究的成果汇总、实践反思，撰写《农村中小学撤点并校问题研究》课题结题报告，完善所需论文及报告，申请课题成果鉴定。

（七）课题研究的成果形式

课题研究拟取得什么形式的阶段研究成果和终结研究成果。教育课题研究的形式有很多，其中研究报告、论文是中小学教师课题研究成果最主要的表现形式。课题不同，研究成果的内容、形式也不一样。但不管形式是什么，课题研究必须有成果，否则，这个课题就没有完成。

三、课题研究常用方法

中小学教师课题研究中常用到的研究方法有观察研究法、调查研究法、实验研究法、行动研究法、文献研究法等。

(一)观察研究法

观察研究法是在比较自然的条件下,研究者通过感官或借助一定的设备,在一定时间和空间内进行有目的、有计划的考察并描述教育现象的方法。

观察研究法要求在自然状态下进行,对观察对象不加任何干扰与控制,使之处于完全自然的状态下,以便于得到自然条件下的真实情况。

根据不同标准,观察法可分为不同类型,如根据是否借助仪器分为直接观察与间接观察,根据观察者是否直接参与活动分为参与观察与非参与观察,根据观察结果分为量的观察与质的观察等。

(二)调查研究法

调查研究法是课题研究中最常用的研究方法之一,它是通过对原始素材的观察,有目的有计划地搜集研究对象的资料,从而形成科学认识的一种研究方法。

这种研究方法包括问卷、访谈、测验等具体方式。调查研究一般均应遵循以下步骤:①调查前的准备工作,包括确定调查课题、选取调查对象、拟写调查提纲、制订调查计划等;②展开实际调查,搜集研究的书面资料或口述资料;③整理所收集的资料,口述材料要用文字加以整理,数据材料要用数学统计法加以整理;④撰写调查报告。

(三)实验研究法

实验研究法是根据课题研究需要,利用一定的设备和材料,通过控制条件的操作过程,引起实验对象的某些变化,从观察这些现象的变化中验证课题内容或获取新知识的一种研究方法。

实验法一般分为准备、实施、总结三个阶段。各阶段的具体步骤如下所示。

1. 实验的准备阶段

选定实验课题,形成研究假说→明确实验目的,确定指导实验的理论框架→确定实验的自变量→选择合适的测量工具并决定采用什么样的统计方法→选择实验设计的类型。

2. 实验的实施阶段

按实验设计进行实验,采取一定的实验措施→观测实验的效应→记录实验所获得的数据、资料等。

3. 实验的总结阶段

对实验中取得的数据、资料进行处理分析→确定误差的范围→对研究假设进行检验→得出科学的结论。

(四)行动研究法

行动研究法是教师把自身的教育教学实践活动作为研究对象,边研究边实践,边实践边研究的一种研究方法。教育行动研究的特点是为行动而研究、在行动中研究、由行动者研究、对行动的研究。

行动研究是 20 世纪 40 年代由美国学者勒温(Lewin)提出的,他还提出了行动研究的四个环节:计划、行动、观察、反思。行动研究是这四个环节的螺旋式循环操作。后来,人们又提出了一些不同的步骤,如确立课题、制订计划、行动实施、分析与评价、总结评价的五步骤,也有人分出更多的步骤,但大都强调行动研究是一种螺旋式循环步骤。

(五)文献研究法

文献研究法是通过搜集、鉴别、整理文献资料,并通过对文献的研究形成对事实的科学认识的一种研究方法。文献研究法属于非接触性的研究方法,因为这种方法只研究文献,并不与文献中记载的人与事实直接接触。

文献研究的具体方法包括文献资料的查阅、文献资料的积累和文献资料的整理分析,它是思想研究领域采用得最多的一种研究方法。

四、科学处理研究资料

课题研究的过程中,相当一部分内容是获取研究资料,并在此基础上对资料进行整理、分析等。

(一)获取研究资料

课题研究中运用各种研究方法主要是为了获取研究资料。研究资料获取的主要途径有以下几条。

1. 观察

观察是搜集资料的基本方式。教师要做有心人,善于从日常教育教学现象中进行观察,获取有用的资料。日常的教育教学中存在很多现象、矛盾、问题等,通过仔细观察会发现值得研究的问题,进而形成研究课题;在课题研究过程中,带着研究问题再仔细观察就会获取与研究有关的、有价值的资料。

2. 问卷

问卷调查是课题研究的基本方法,也是获取资料的基本途径。通过设计好的调查问卷可以获得研究所需要的多种资料。问卷调查可以进行大范围的资料获取,是一种比较有效的资料获取方式。

3. 访谈

访谈调查也是获取研究资料的一种重要方式与途径。对研究对象或相关人员进行访谈,可以直接观察对象的个性心理特征、思想倾向、仪表情态、身体状况等。

4. 听课

除了在自己的课堂教学过程中获取资料外,通过听课获取研究资料也是一条重要途径。听课的目的是了解课堂上教师教与学生学的情况、师生的交往状态等,可以直接收集到课堂教学的资料,了解教师的教学思想与技能,了解学生的学习活动与状态。通过听课也可以在一定程度上了解教师的备课情况、教学设计情况等。

5. 实验

实验研究也是获取资料的重要方式。在实验过程中要注意观测被试的变化及教育效果,收集各种数据和信息,以对比实验前后的变化、实验组与控制组之间的差异等。

6. 研讨

在各种教育教学的研讨中,如校本研究、学术会议等,也可以获得大量的研究资料,特别是他人对某些事物或现象的看法、态度、认识等。这些观点可以直接成为研究的资料,也可能为研究带来启发。

7. 查阅

对已有文献资料的获取可通过检索、查阅等方式进行。研究者可以到图书馆或图书室检索、查阅相关图书、期刊、报纸等文献,也可以到网络上检索、查阅文献。现在网络检索、查阅使用比较多的是百度(http://www.baidu.com)、中国知网(CNKI 学术期刊全文数据库,http://www.cnki.net)、维普网(http://www.cqvip.com)、超星数字图书馆(http://www.sslibrary.com)等。

研究资料的获取一般需要借助于一定的工具,比如观察量表、记录表、调查问卷、访谈提纲、实验仪器、音像设备(录音机、录像机、照相机、投影仪)、电脑等。这些工具都要提前准备好,并能够熟练使用。

(二)梳理研究资料

获取研究资料后的一项重要任务是对研究资料进行梳理。研究资料的梳理主要包括资料整理、资料审核、资料统计和资料归类等内容。

1. 资料整理

资料整理是课题研究过程中非常基础的一个环节,主要包括音像资料的整理、文字资料的整理、数据资料的整理等。

(1)音像资料的整理

音像资料的整理是指对访谈、课堂教学的录音、录像等的整理,包括两个内容:一是进行音像的编辑整理,比如去除一些无关的声音、画面等;二是进行文字转化的整理,即把录音、录像的内容转化为文字。转化为文字后,还需要进行文字资料的整理。

(2)文字资料的整理

文字资料的整理是指对文字资料或补充,或删除,或合并,最后形成简洁明了、清晰有条理的文字稿。如果是多人合作观察或记录同一个内容,还要在交流、讨论的基础上对各自的信息进行必要的核实、并合,最后形成统一的文字稿。

(3)数据资料的整理

数据资料的整理要根据当时记录的情况、他人提供的信息,或者录音、录像的信息等进行核实,务求准确无误、真实可信。

资料整理是一件比较费时费力的事情,但对保证研究的真实性、客观性等非常重要,因此,应该扎扎实实地做好这项工作。

2. 资料审核

资料审核就是对获取的原始课题研究资料进行检查,以使其符合资料的要求,保证研究资料的正确有效。所获取的资料应该具备以下特征:真实、准确、完整、权威、合理。

(1)审核资料的真实性

只有真实的资料才具有说服力,否则就无法用于课题研究。然而,在收集资料的过程中,可能会收集到一些不真实的信息,比如,访谈对象或问卷对象做出虚假回答、隐瞒回答等。对于从这类回答中所获取的信息,必须做无效处理。有一些文献资料,比如他人的观点、数据等也可能存在不真实的情况,也要认真比对、核实后才能使用。资料审核通常用比对法、验证法等。

1)比对法,即通过两个以上信息之间的比对来确认某一信息的真实性、可靠性。

2)验证法,即把相关信息还原到现场或相关情境中以验证其是否真实、可靠。

(2)审核资料的准确性

课题研究所获取的资料必须准确无误,为此要审核资料的准确性,那些"大概""可能""估计"的资料,是不能使用的。对于引用的一些文献资料,必须反复与原文核对,不添加,不省略,不漏删,以保证与原文一致。

(3)审核资料的完整性

从资料整体来看,所获取的资料应该是完整的,审核时要查看资料是否齐全、完备,如果资料不完整,则要想办法补充完整;如果无法补充完整,则该资料不能使用。

（4）审核资料的权威性

对文献资料而言，还有一个审核资料权威性的问题。文献资料的选取一般使用名家名作，即代表性人物的代表性观点。还要注意所使用资料的版本情况，一般使用权威出版社版本、名家注评本、好的译本等，辨别版本，选择善本。

（5）审核资料的合理性

对数据资料，要审核各个指标的界定范围是否一致、计算公式是否适用、计量单位是否一致等；对文献资料，要审核概念内涵是否统一、时间是否统一、表述是否统一等。

资料审核是一个非常严格的过程，也是一个非常耗时费力的过程，同时还是一个必须加以重视和实施的过程。因为资料是研究的前提，前提可靠研究才可靠；前提出了问题，整个研究也就出了问题。资料只有经过严格的审核才能使用。

3. 资料统计

在对资料进行整理、审核后，还需要对一些资料进行统计。比如，调查问卷所获取的资料就需要对发放的问卷数、收回的问卷数、审核剔除无效问卷后的数量即有效问卷数、每个题每个选项的回答数等进行统计。在此基础上，还要制作成统计表或统计图，以便于更直接地表达或查看。

统计表或统计图，统称统计图表，以表格或几何图形的形式，把大量的数据资料形象地组合起来，合理地排列，以便于展示资料的整体特征。统计图表为我们分析资料、发现教育现象之间的联系提供了方便。

（1）统计表

统计表的构造比较简单，一般包括表头（表号、总标题）、数字资料、备注或资料来源等内容。统计表的类型有单项表、多项表、次数分布表。

统计表的使用要注意以下几点：

1）内容简明，重点突出。一个统计表只表示一个中心内容，如果有多个中心内容可以分列成几个表。

2）数字准确，书写清楚。统计表中的数字资料要认真复核，保证准确无误，在布局上要数位上下对齐，有效数要一致。要列出总计数，部分数之和与总计数要相等。

3）表中不能自明的地方，应当用"表注"说明。

（2）统计图

统计图是用点、线、面以及色彩的描绘而制成的描述数据间的关系及其变化情况的图。统计图具有直观形象、易于理解的特点，其不足之处是不够精确。统计图的种类有很多，课题研究中常用到的有条形图、圆形图、曲线图三种。这些图现在可用计算机通过表格转换自动生成。

1）条形图。条形图是用宽度相同的条形的高度或长短来表示数据多少的一种统计图。条形图的编制要注意以下几点：

一是图上的条形要等宽。一般两条形之间的距离为条宽的 0.5～1 倍，图形的长宽之比为 7∶5。

二是纵轴左边留适当位置写刻度名称，一般从 0 开始，等距离分点，小数在下，大数在上。

三是在条形的上端和下端要回避标注数字，需要说明的话可以加图注。

2）圆形图。圆形图是用全圆面积或圆内扇形面积来表示并比较统计资料的一种统计图，又叫饼图。圆形图可以清楚地表示出部分和总体之间的关系，以及部分和部分之间的数量关系。圆形图的编制要注意以下几点：

一是圆形图中扇形的面积与对应圆心角成正比。

二是每一项的扇形的圆心角的大小，等于 360 度乘以该项目所占总体的百分比。

三是绘图时从时针 9 点的位置开始，依顺时针方向，按圆心角的大小画出扇形，然后注明各个扇形的项目名称及所占百分比。

4. 资料归类

资料归类是指根据研究资料的性质、内容和特征将相异的资料区别开来，将相同或相近的资料合并为一类的过程。对研究资料进行归类是为了更好地管理和使用资料。归类前首先需要进行分类，分类前先要确定好分类的标准。从不同的角度可以将资料划分出不同的类型，然后把同类型的资料归结到一起完成归类。比如，按资料的载体可将资料分为文字资料、光盘资料、网络资料等，另外还可按照资料发表时间或获取时间把资料归类，按照获取场地把资料归类,按照专题把资料归类等。

对数据资料的分类,需要确定分组标志。研究对象(个体)的某种属性特征,可以是数量性的,也可以是属性的。数量性的,叫数量标志;属性的,叫品质标志。例如,学生的"性别""民族"是品质标志,学生的"身高""体重"是数量标志。数量标志的取值可以形成定类或定序的数据资料。数量标志和品质标志都可以作为分组的标准。在选择分组标志时,要注意以下三点:①按照研究目的选择分组标志;②突出事物的本质特征;③可以选择多个分组标志对数据进行多维交叉分组。对研究资料进行归类便于对资料进行分析。

(三)分析研究资料

分析研究资料就是分析研究资料所反映的问题,对资料背后的原因及意义等做出解释,并提供改进建议。分析资料有定量分析与定性分析两种。定量分析与定性分析各有利弊,在研究中往往结合使用。

1.定量分析

定量分析指研究者借助于数学分析手段,对所收集到的数据资料进行统计分析,揭示事物数量特征的过程。定量分析主要用于实验、观察、测量和调查所得的数据资料的处理,所分析的对象是数据资料。

定量分析的优点是具有简约性、客观性和可操作性,其局限性在于统计分析手段具有一定的条件性,统计推断具有概率特征,教育现象的复杂性导致数量分析的模糊。

定量分析常分为描述统计分析和推断统计分析两种类型。

(1)描述统计分析

描述统计是用统计表或图呈现结果,或计算变量的数字特征,以反映研究对象的规模、水平、比例、集中趋势或离散程度的统计分析手段。描述统计分析是一种就事论事的统计,只反映事情本身的特征。描述统计分析有集中量数、差异量数、相关系数等统计指标。其中常用的集中量数有平均数、中位数、众数等,常用的差异量数有标准差、方差等。下面对相关概念做一简要介绍。

1)集中量数也称集中趋势量数,它是用一个数值去代表一组数据的一般水平。集中量数可以用来描述和代表研究对象的一般水平,为进一步统计分析打下基础,也可用它与同质的另一研究对象做比较。平均数是表明一组数据的平均水平的数值。中位数是把一组数据按照其大小顺序排列起来,处于最中间位置的那个数。众数是指在一组数据中出现次数最多的标志值。

2)差异量数是表示一组数据的差异情况或离散程度的量数,它反映数据分布的离中趋势。差异量数愈大,集中量数的代表性愈小;差异量数愈小,集中量数的代表性愈大。差异量数一般包括全距、标准差和方差,其中标准差和方差最常用。方差是各个数据与平均数之差的平方的平均数。标准差是方差的算术平方根,反映组内个体间的离散程度。

3)相关系数是表明两个变量间关系密切程度及方向的量数,一般用字母 r 表示,取值范围在-1 到+1 之间。相关系数分为正相关(智力与学习成绩)、负相关(解题能力与解题时间)和零相关。

当 r>0 时,x 与 y 是正相关。

当 r<0 时,z 与 y 是负相关。

当 r=0 时,z 与 y 是零相关。

(2)推断统计分析

推断统计分析是通过对样本特征的研究推论出总体特征的统计分析手段,这是一种以小见大的统计分析手段,常采用总体参数估计和假设检验等方法。

定量分析需要借助一定的分析工具。目前,研究者采用较多的是 SPSS 软件(即社会科学统计软件包),它是世界著名的统计分析软件之一,也是社会科学领域最常用的统计分析软件,基本功能包括数据管理、统计分析、图表分析、输出管理等。

2. 定性分析

定性分析是研究者对所获取的文字、声音、图片等描述性资料在系统审核、归类基础上进行逻辑和意义分析,从而揭示事物内在特征的研究过程。定性分析是对研究对象进行"质"的方面的分析,分析的对象是描述性资料。定性分析是课题研究中重要的分析方法之一,能克服定量分析的局限性。

定性分析注重对事物整体的发展分析,倾向于对资料进行理性的归纳分析。研究者的主观因素及对背景的敏感性会影响到定性分析的结果。

定性分析常用的方法是归纳与演绎、分析与综合。归纳是从具体、个别现象出发,概括出一般性或普遍性结论的思维方法。归纳的具体形式有完全归纳法、简单枚举法、科学归纳法(因果联系法)等。演绎是从一般原理推演到个别结论的思维方法。分析是把研究对象分解为不同的因素、层次、部分,然后分别进行考察的思维方法。综合是在分析基础上,把研究对象的各个部分在思维中结合起来,形成整体性认识的思维过程。定性分析方法的选择要根据具体的研究需求和研究者的习惯、研究特长来决定。

五、整理阶段研究成果

在课题研究的过程中,要注意把研究的相关成果及时加以整理,并把它们转化成文字成果及时发表。这样做不仅有助于课题成果的积累,有助于把研究成果及时奉献给社会供他人借鉴使用,而且有助于为课题的结题做好充分的成果准备。

(一)阶段成果的写作

课题研究过程中阶段性的文字成果主要有研究综述、研究论文、教育案例、教学课例、经验总结等。要掌握这些成果写作的要点,并根据实际的研究成果选择合宜的类型进行写作。

1. 研究综述

研究综述是对与课题相关的已有研究文献、研究成果或状态的综合述评。研究综述也是课题研究的阶段性成果,而且是课题研究中产出比较早的一种阶段性成果,课题方案设计或申报课题时都需要做研究综述。

研究综述的基本结构是综述背景介绍、研究现状概述、研究情况评析、研究方向预测。

(1)综述背景介绍

综述背景介绍,主要是介绍所要综述的课题研究的基本情况。有的会写明自己是如何查阅资料的、查阅了哪些类型的资料、查阅资料的数量、对资料的处理等,在此基础上,对内容展开综述。

（2）研究现状概述

研究现状概述,一般选择最有代表性的研究成果对它们加以分门别类、概括性地叙述或介绍。通过这部分内容,人们可以看到在这一研究领域,人们做了哪些研究,有哪些代表性成果,研究到什么程度了,从而整体上把握课题研究的状态。

（3）研究情况评析

研究情况评析,就是在研究现状概述的基础上,对已有研究的情况进行评价、分析。评析时,既要分析已有研究成果的价值、贡献,也要分析存在的问题、不足。要做到客观公正,有理有据。

在课题方案设计或申报时,写研究现状或研究综述要揭示已有研究与自己所做课题之间的关系,当把研究综述作为阶段性成果,特别是还准备发表时,可以不涉及这一块内容。这有两方面的原因:一方面,研究综述属于专题性研究,可以单独存在;另一方面,读者并不熟悉你所要做的课题的情况,没有必要谈研究综述与课题之间的关系。

（4）研究方向预测

研究方向预测,也称为思考与建议、问题与讨论等,主要内容是在已有研究评析的基础上,提出一些解决问题的对策、建议、措施等,或者对本专题的研究方向做出一些预测。问题与讨论、思考与建议等内容一般写得比较深入,研究方向的预测则相对简单些,有的甚至没有这部分。

2. 研究论文

研究论文是教师在课题研究基础上,经过分析论证的深化认识过程,把研究成果文字化。研究论文是课题研究中一种重要而常用的成果形式。

研究论文对研究者有较高的要求,如能够自觉运用规范的科学方法、理性的学术思维和严密的逻辑论证等。研究论文要求既具有一定的理论性,又具有一定的科学性,能够理性地认识问题、分析问题,揭示具有普适性的规律,同时具有一定的创造性。高质量的研究论文是教育科研智慧的结晶,是课题研究高水平高质量的标志。

研究论文的结构一般由以下几部分构成:标题、作者单位和署名、内容摘要、关键词、正文、注释或参考文献、附录（必要时）。研究论文的本论部分一般由引言、本论、结语三部分构成。引言一般介绍研究的背景、选题的缘由、选题的意义等，以引出论题。本论主要是提出问题、分析问题、解决问题。正文内容的结构安排有并列式、递进式、混合式等。结语主要是总结提升、做些余论、做出展望等，它不是对前文内容的简单重复，它的重点在于总结提升，要求简洁概括、点到即止。研究论文的写作要注意写作规范，包括引文的规范、注释或参考文献的规范等。

3. 教育案例

教育案例是记录教师教育转化学生的过程或教育事件处理过程的例子。教育案例不同于教学课例。教育案例侧重于记录教师对学生的思想教育、品德教育、班级管理等方面的内容。教学课例侧重于记录或描述课堂教学中教学方式方法等方面的内容。

按照教育案例呈现的方式，可分为两种主要类型：描述式教育案例和评析式教育案例。

（1）描述式教育案例

描述式教育案例是通过描述的方式把教育事件的处理过程或发生发展过程完整呈现的教育样例。它所侧重的是向读者传递教育事件的处理本身，至于其中包含的道理需要读者自己去体会和把握。描述式教育案例本身就体现出自足的存在价值。描述式案例一般按照事件发生、发展的顺序来写作。

（2）评析式教育案例

评析式教育案例是对教育事件的处理进行分析评论，以揭示事件本身所蕴含的价值和内涵的教育样例。它所侧重的是向读者揭示教育事件处理过程中所蕴含的有价值的做法、道理等。评析式教育案例的结构一般是案例描述加案例评析，案例评析是重点。也有的教育案例按照现象—原因—对策的结构来撰写。

教育案例的价值是以"案"析"理"。描述式教育案例的道理含而不露，由读者自己去体会与把握。评析式教育案例则是既讲述案例，也揭示道理，注意"案"与"理"的结合。它们共同的价值在于给人以道理的启发。

4.教学课例

教学课例是对课堂教学进行分析研讨或反思后所形成的具有研讨价值与启示意义的教学研究样例。它是教师研究课堂、改进教学、促进专业发展的最佳载体之一,也是教育课题研究中的重要成果形式。

教学课例是对真实的课堂教学的研讨,而不是单纯的课堂教学实录或描述。教学课例具有教学事件真实性、教学问题复杂性、研讨价值典型性等特点。教学课例的价值主要体现在以"例"析"理",即以所分析评论的"课例"来揭示课堂教学所具有的一般性"道理"。

教学课例有不同的类型。常见的类型有描述–分析式课例、研讨改进式课例等。

(1)描述–分析式课例

描述–分析式课例是对课堂教学实况描述后进行分析评论的课堂教学研究样例。这种课例的基本结构是课堂教学描述+分析评论。课堂教学描述分为课堂教学实录或过程情境描述两种方式,内容则有全程描述与片段描述两种。分析评论部分是从某一角度或某几个方面切入,对前面呈现的课堂教学内容进行分析评论。分析评论可以是正面的,也可以是反面的,还可以是正反面结合的。

(2)研讨改进式课例

研讨改进式课例是对课堂教学进行研讨后根据研讨建议修改教学设计再次教学、再次研讨型的课堂教学研究样例。这种研讨改进式课例,既包括第一次上课前的共同备课,也包括一次、二次上课后研讨情况,及再次、三次上课后的效果等,也可能包括对几次研讨和上课的分析评论。这种教学课例可以反映教学的持续改进过程,有助于读者了解教学改进的过程和研究的过程。

教学课例的撰写要以准确地呈现课堂教学过程或情境为基础,为此需要通过录音、录像等方式记录课堂教学的全过程,然后将其转化为文字。不论是课堂教学的全程记录还是片段选择,都要注意所选取内容的典型性和代表性,这一点对教学课例的研究是很重要的。

教学课例撰写中的分析评论部分是非常关键的,课例价值体现在很大程度上取决于分析得到位与否。课例的分析评论要抓住重点,以一定的理论为基础展开。好的分析评论,一定是紧扣前面所呈现的课堂教学内容展开的,能够从微观到宏观、从具体到抽象、从现象到本质地揭示问题,深化、拓展人们对课堂教学及其规律的认识。

5. 经验总结

教育经验总结是对教育教学实践活动及其经验教训分析、概括、加工、整理后形成的比较系统的、合乎逻辑的认识成果。经验总结也是重要的研究成果。课题研究过程中,要对研究进展情况进行阶段性总结,课题结束后还要进行整体性总结。

经验总结的结构一般由标题、正文和落款组成。

(1)标题

经验总结的标题,一般有三种写法。

1)一般式。也是最常用的写法,其结构包括单位名称、时间、内容和文体。例如"××实验中小学 2022 年上半年市级规划课题'中小学生速度训练实验研究'工作总结"。

2)内容式。以经验总结的核心内容作为标题,比较适合于专题总结。例如"编写和使用高中语文选修教材《中华传统文化名著研读》的体会"。

3)主副标题式。主标题一般说明内容,副标题说明单位、时间和文体。例如"以课件制作促进课堂变革——××学校 2022 年校本课题研究总结"。

(2)正文

经验总结的正文部分一般包括以下四个方面的内容。

1)基本情况介绍。在经验总结的开头部分,一般先介绍教育实践活动的基本情况。这部分的写法,可概括工作背景、整体情况,也可说明总结的指导思想和成果,还可把主要的成绩、经验、问题等简单扼要地先提出来,也可点明全文的主要观点、中心思想等。

2)主要成绩经验。这是经验总结的核心部分。"成绩"的叙述有两种不同的写法:①把成绩先列出来,然后总结经验;②在经验总结的过程中把成绩融合到具体的经验条项之内叙述。写作时可根据自己的需要选择使用方式。

3）问题分析或教训总结。专题性的经验总结只谈经验不谈问题或教训，全面性的经验总结则一分为二地来看待整个研究活动，既谈经验，也谈问题、不足或教训。教训是指由认识上的错误，或方法上的问题而造成工作上的失误所反映出来的反面经验。分析存在的问题、总结失误带来的教训，可以进一步提高认识，明确今后努力的方向，避免工作失误和更大问题的发生。

4）今后努力的方向。这是经验总结的结尾部分。它是在已有成绩和经验、存在的问题和教训的基础上提出来的，目的是以更加明确的方向、更加有效的措施推进后续工作的进展。这部分同时能够起到表明决心和展望前景的作用。

（3）落款

经验总结的落款包括署名和日期。总结的署名一般在标题之下，也有的写在正文之后的右下方。署名要单独一行，标明单位、作者姓名。如果总结是以单位名义写的，则署名只在标题之下署单位的名称，作者姓名写在正文之后，标记为：执笔人×××。如果是上交本单位的总结则可不写单位名称，日期一般单独一行，写在署名之下。专题性经验总结一般不写日期。

经验总结写作时还要注意以下事项：经验总结一般以第一人称的方式表达。经验总结中所运用到的事例要具有典型性，要在典型事例的基础上提炼出有普遍意义的经验或观点，能够从结果到原因，从问题到对策，从现象到本质地总结提炼经验或观点，从而使经验总结不是仅仅停留在感性的经验层面上，而是能够上升到理性的认识层面上。好的经验总结，应该能够给人以启发和指导，可资他人学习、效仿。

（二）阶段成果的发表

课题研究的阶段性成果写作完成、经过修改后，可通过投稿等方式把它们发表出来。

六、应对中期检查

中期检查，也称中期评价或中期评审，是课题管理部门为保证课题质量、推进课题研究、强化课题管理，在课题研究进行过程中实施的一种管理措施。中期检查是科研管理的重要环节。作为课题的实施者，要做好准备，迎接中期检查，并尽量取得好的检查结果。

（一）中期检查的准备

为迎接课题中期检查，需要精心做些准备。中期检查的准备工作主要有以下几个方面。

1. 熟悉中期检查要求

做好课题中期检查，首先需要从课题发布者或课题管理部门了解中期检查的要求，根据要求做出准备。关键要了解中期检查的重点是什么、检查评估的指标有哪些、需要做些什么样的准备，比如下载什么样的表格、怎样填写、需要准备哪些材料等。这样才能达到并满足检查部门的要求。

一般来说，中期检查会从计划执行情况与进展、经费使用情况、阶段性研究成果、存在的问题及下一步的计划等方面进行评估，每项内容都有一些评估标准，对此要认真学习。

对评估内容和评估标准的学习和准备，不应该是在中期检查前，而应该是在一开始做课题时就做的工作。这样在前期的课题研究中才能朝着这些内容和指标努力。中期检查只是把所做的工作拿出来接受检验。不能本末倒置，平时没有学习和掌握评估内容和标准，临近中期检查才学习，就来不及了。一定要事先准备，临时抱佛脚，是很难顺利完成中期检查的。

2. 准备检查所需材料

课题中期检查需要准备一些材料，主要包括中期检查表、中期检查报告、阶段性成果材料、经费使用表等。中期检查前，课题承担者要认真填写中期检查表，撰写中期检查报告，梳理阶段性研究成果等。对阶段性研究成果要分类整理，按实物类、文字类等，分门别类地呈现。所准备的各种材料要做到条理清楚、准确无误、摆放整齐，以备检查。

3. 做好检查相关工作

除上述工作外，还有一些中期检查的相关工作需要做好。比如，与课题管理部门的协调、与评审专家的沟通等。如果进行会议检查或现场检查，还要准备会场的布置、会议的流程,检查现场的安排、现场活动的组织等。中期检查不是"作秀",也不是走过场,要认真对待,精心准备。所有与检查有关的活动都要悉心组织,所有与检查有关的细节都要细心考虑。这样才能保证检查工作的顺利进行,保障课题中期检查的顺利过关。

(二)检查报告的写作

1. 中期检查报告的写作内容

中期检查报告是中期检查中十分重要的材料,对中期检查能否过关起着举足轻重的作用。中期检查报告的内容主要包括研究的进展、阶段性成果、存在的问题、今后的设想、附录等几个方面。

(1)研究的进展

研究的进展主要写明白课题实施以来,课题承担者所做的主要工作及其对课题研究的推动。这是中期检查报告的重点部分。

课题研究的工作方面,可写工作的起止时间、采取的主要措施,如策略、方法等。在这方面要侧重写采取的措施,这可以看出研究者的努力,也可以看出研究者在研究过程中的创造性劳动和研究智慧。

写研究进展时,要查看课题申报书,对照申报书来写。看一下课题申报时的阶段性承诺,到目前为止,应该兑现的,有没有兑现,如果兑现了,兑现的质量怎样;还有哪些没有兑现,什么原因没有兑现,要做出没有兑现的原因说明或解释。

研究的进展可以分阶段写,比如在哪一阶段,做了哪些事情,取得了怎样的进展;也可以按照取得进展的情况来写,比如,进展1、进展2、进展3,在每一进展之中分析是如何取得这些进展的。

(2)阶段性成果

阶段性成果是在课题研究的某一阶段产生的、成型的研究成果。阶段性和成型性是阶段性成果的重要特征。阶段性,说明这些成果还不是最终的、完整的研究成果,只是课题研究成果的组成部分;成型性,说明这些成果本身是可以相对独立存在的,是已经完成状态的。"成果"中的"成",即是完成;"成果"中的"果",即是结果。那些处于未完成状态、有待完成的内容,不能称为阶段性成果。

之所以对阶段性成果做上述解释,是因为有的人把一些非阶段性成果的内容也放到阶段性成果中来。比如,把将要形成的教育经验、可能形成的教育案例也放入阶段性成果中来。

阶段性成果可从实践性成果、理论性成果、技术性成果等方面来写。

(3)存在的问题

存在的问题部分要对课题研究中的问题进行描述,着手探讨问题存在的原因。课题研究中会存在很多这样那样的问题,这部分要写主要问题,也就是会影响整个课题研究继续推进的问题。

对存在问题的写作要本着实事求是的态度。有的人怀疑,问题太多了会不会影响中期检查的成绩? 有这种疑虑是可以理解的。但课题研究是科学研究。科学研究的精神是"实事求是",是"求真",如果故意掩盖课题研究中存在的问题,这本身就"失真"了,不利于课题管理者和评审专家根据问题提出有针对性、建设性的指导建议或改进意见。

课题研究中不可能不存在问题,存在问题并不可怕,可怕的是不敢直面问题。只要敢于直面问题,并能够寻找到解决办法,那么问题也就不是问题了。

(4)今后的设想

今后的设想部分,要根据课题研究存在的问题、今后研究的需要、原有的研究计划来写作。这部分主要是写今后研究的思路、拟采取的问题改进措施或课题研究的推进措施等内容。这部分内容简要介绍就可以,但要有实质性内容,措施要切实可行。

(5)附录

中期检查报告可以有附件,附上相关材料。附件的内容主要是课题研究的阶段性成果。之所以有附件是为了证明前面所做的工作、所取得的阶段性成果是真实存在的,有助于评审者据此检查课题实施的质量。

2. 中期检查报告的写作要求

(1)要注意条理性

研究的进展、阶段性成果、存在的问题、今后的设想,这几个方面在写作时一般采用明确的标题或序号一、二、三等来写。这样写可以显得条理清楚,便于理解把握。

(2)要注意文字简洁

中期检查报告的主要目的是向课题管理者和评审专家介绍课题实施的情况,只要把情况介绍清楚就可以了。因此,篇幅一般不是很长,叙述的语言以简洁明了为主。

七、做好课题管理

一般来说,课题主管部门会有课题管理制度对课题实施管理,但从课题主持者、实施者的角度来看,我们也需要对课题研究进行管理。主动地实施课题管理,有助于课题的顺利实施和完成。从课题主持人、实施者的角度来进行课题研究管理,可主要抓好团队管理、时间管理、活动管理、资料管理等几方面的工作。

(一)团队管理

课题研究往往需要一个团队共同来完成,这就需要对课题团队进行管理。

1. 合理分工,责任明确

课题负责人在组建课题研究团队时已经对各参与者的情况有所考量,在课题研究中要根据每个人的专业特长、能力水平、研究时间等进行合理分工,使每个人能够最大限度地发挥自己的特长和能力。

合理分工的同时要把责任加以明确,每个人做什么事情,负责哪一块内容要分配清楚,使每个人都知道自己做什么、怎么做、负什么责任。这样可以使每个人都清楚地履行自己的责任,防止由于任务不清、责任不明,造成事情无人问津、责任无人承担的情况。

2. 专业培训,促进提高

对于一些课题来说,可能需要对整个研究团队进行相关的专业培训,比如请专家来讲解相关内容或进行课题指导等。课题负责人要根据课题研究的具体情况和需要,考虑进行什么内容、何种性质的专业培训。比如,研究团队的人员对某一种研究方法还不太熟悉,需要请相关专家指导,或者由课题主持人对课题组成员进行培训。通过专业培训可以提高研究团队的科研能力和科研水平,从而有助于课题研究的进行。

3.统筹协调,稳步推进

课题负责人的一个重要任务是对课题研究过程中出现的问题、矛盾进行统筹协调。要根据每个人的具体情况,调整任务分工,帮助解决研究过程中遇到的新问题、新情况等。只有统筹协调好,才能使课题研究保持良好的运转状态,把课题研究稳步向前推进。

(二)时间管理

课题研究一般是有时限的,特别是立项课题更是有研究时间的规定。要在规定的时间内保质保量地完成课题研究,就需要科学地管理和使用时间,这也是课题研究管理的重要内容。

1.科学规划,尽量落实

对课题时间的分配要进行科学规划。在课题方案设计或课题申报时已经有研究阶段的划分,对课题研究时间已有一定的规划,课题实施过程要根据这一规划或根据实际重新进行科学规划。科学规划科研时间,并尽量在实践中落实,是保证课题研究进度的重要措施。课题研究的实际时间可能会与前期规划不一致,这是由于课题研究中会遇到一些新情况需要时间来解决,甚至会出现比较大的研究计划调整。但从保证研究时间的角度来说,一旦制定了研究时间表,就应尽量在规定时间内完成预定任务。

2.定期检查,反思改进

为了保证课题顺利实施,还应对课题研究的进展情况进行定期检查。定期检查是通过相对固定的时距(时间距离)对课题研究实施督促的方式。定期检查,比如一个月检查一次,三个月检查一次,半年检查一次之类,可根据课题研究总时间的长短而定。定期检查之后,要根据检查的情况进行总结、反思,发现问题及时在后续研究中改进。通过这样的方式可以推动课题研究的实施。

(三)活动管理

课题研究中总会组织一些与课题研究相关的活动,对这些活动也要进行专项管理。

1. 精心组织，认真实施

课题研究过程中会有很多类型的活动，如开题论证会、课题研讨会、听课评课、中期检查、调查活动、实验活动等。对这些活动要精心组织，考虑到活动各方面的内容和注意事项并认真落实，以保证活动的顺利实施。

2. 定期活动，保持稳定

对课题研究来说，最好能够定期组织一些活动，如听课评课活动、课题研讨内部会议等，以保证课题研究的稳定性和持续性。有的课题研究一年举行一两次活动，或不定期举行活动，在一定程度上影响课题研究的持续推进。定期活动则可以使大家始终处于课题研究的状态之中。当然，定期活动的前提是保证活动的有效性，应避免因定期活动出现"活动疲劳"或"研究厌倦"。

3. 做好记录，留作资料

课题活动的过程也是研究的过程，要注意保留活动的资料。每次活动都应该有活动资料，即活动记录。活动资料或活动记录，包括录音、录像、照片、文字等内容。每次活动中，都应该有人负责做相关的记录，活动后对记录进行整理。表5-1是某校的课题活动记录表，可供参考。

表5-1　课题活动记录表

时间		地点		
主持人		参与人员		记录人	
活动主题				
主要过程：				

(四)资料管理

课题研究的资料是课题研究的重要内容，也是课题研究成果的基础，要妥善管理。

1. 及时收集，分类整理

很多课题研究资料的出现都是一次性的，错过就不会再有，所以及时收集资料非常重要。课题研究过程中要树立很强的"资料意识",即有针对性地、随时随地收集与课题研究有关的资料。资料收集的方式要注意多样化,比如同一项活动,可以有录音资料、录像资料、照片资料、文字资料等。如果当时仅用一种方式收集资料,没有其他资料相对照、佐证,用时可能就会显得乏力。

资料收集以后,还要及时地整理,科学地分类。这是资料管理的重要方面,便于资料保存和日后使用。

2. 专人负责,保存归档

课题研究资料最好由专人负责管理,可以是每人负责自己分工的那块内容的资料,也可以把课题研究资料汇总到某人那里由其专门负责管理。

课题研究资料的管理需要在分类基础上建立分类档案,把不同类型的资料保存在不同的档案里,以备使用。这就需要建立课题资料的档案袋,或者资料库。如果有必要,可对资料进行备份,一份是原件,一份是复印件。现在文字资料的管理,可以在电脑上通过构建不同文件夹的方式来管理。

第三节　中小学教师科研课题结题

一、如何撰写结题报告

结题报告,也称研究报告,是一项课题研究结束,研究者客观地、概括地介绍研究过程,总结、解释研究成果,向有关部门(机构)申请结题验收的文章。它是课题研究所有材料中最主要的部分,也是科研课题结题验收最主要的依据。[①]

(一)结题报告的结构

结构是研究报告内部的组织构造,是研究内容和材料赖以附着和依托

---

① 夏心军.论区域教育科研文化建设的实然与应然[J].中小学教师培训,2019(2):30-34.

的骨架。撰写研究报告先要掌握它的基本结构。研究报告的一般结构由三部分构成：前置部分、主体部分和结束部分。

1. 前置部分

前置部分包括封面、标题页、序或前言、摘要与关键词、目录页。

（1）封面

封面是研究报告的外表面，提供相关的信息，并起到保护正文的作用。不是所有的研究报告都一定要有封面，页码比较多、材料比较厚的研究报告应该有封面来保护与衬托。有封面显得比较正式和规范。

（2）标题页

标题页是对研究报告进行著录的依据。研究报告如分两册以上，每一分册均应各有其标题页，在上面注明分册名称和序号。标题页除与封面应有的内容保持一致外，还包括在封面上未列出的责任者职务、职称、学位、单位名称和地址，参加部分工作的合作者姓名等信息。

（3）序或前言

序或前言部分，一般是作者或他人对本篇研究报告的基本简介，如说明研究工作的缘起、背景、主旨、目的、意义、编写体例，以及资助、支持、协作经过等。并不是所有的研究报告都需要序或前言。

（4）摘要与关键词

1）摘要是以提供研究报告的内容梗概为目的，不加评论和补充解释，简单确切地陈述研究报告主要内容的短文。摘要是对研究报告主要观点的高度概括，具有独立性和自含性。摘要的内容应该包含与研究报告同等量的主要信息，即不阅读全文也能够获得主要信息。摘要一般应说明研究工作目的、实验方法、研究过程、研究结果和最终结论等，重点是研究结果和结论。正规的研究报告一般都有摘要，字数一般以 200~300 字为宜。

2）关键词，也称主题词，是反映全文主题和最主要内容的有实质性意义的名词性术语。关键词是有实质意义的名词，特别要注意的是不能用动词，应尽量从《汉语主题词表》中选用，不能使用不规范的词语甚至杜撰的词语。关键词的数量一般为 3~8 个。

（5）目录页

长的研究报告需要有目录页,短小的则可以没有。目录页由结题报告的篇、章、节、目,附录、题录等序号、名称和页码组成。目录页,另页排在序或前言之后,有的排在摘要与关键词后面。结题报告分册编制时,每一分册应有全部的目录页。

2.**主体部分**

结题报告的主体部分,一般包括引言、正文、结论、参考文献。

（1）引言

引言是结题报告的序言和开场白。引言部分一般介绍课题提出的背景、课题研究的意义等,以引出正文。引言力求简明扼要,直截了当,不拖泥带水。

（2）正文

正文是结题报告的核心部分,占的篇幅最大,各类结题报告的主要内容都体现在这里。

（3）结论

结论是课题研究最终的观点,可概括为以下几点:研究了什么,有什么结果,这结果说明了或解决了什么问题。还可在结论部分指出根据这个研究,下一步应深入研究的问题。结论部分要尽量简洁。

（4）参考文献

参考文献是作者在研究和写作过程中所参考或引证的主要文献资料。参考文献一般置于篇后。

3.**结束部分**

结束部分包括附录和后记。

（1）附录

附录,即附于主体部分之后与主体部分相关的资料。附录的作用有:①使正文简洁;②为读者提供一些可供分析的背景材料和原始材料。附录既有利于读者对报告有深入具体的了解,也为读者在原始材料的基础上分析研究过程、方法、结论的科学性和合理性提供了依据。附录的编制要避免杂乱和过分简单。若设置附录,就要发挥出附录的功能。

附录部分的内容包括有关文章、文件、图表、索引、资料、调查问卷、访谈提纲、测验题目等。

附录部分可有可无。但对于正文中有调查问卷、访谈提纲、测验题目的结题报告而言，一般需要附上这些内容。如果有多个附录，一般会给附录加上序号，附录的序号一般以阿拉伯数字呈现，如附录1、附录2、附录3等。

附录部分的内容一般有标题。标题可以直接放在"附录"两字后，附录与标题之间以冒号间隔。"附录"两字也可单独成行，标题另行居中呈现。

附录的内容有时会用不同于主体部分的字体、字号，以示区别。

（2）后记

后记是写在书籍或文章之后的文字。结题报告可以有后记。结题报告的后记，多用于阐发主体部分未涉及的研究认识，补充主体中没有的想法、背景、材料等，写明课题研究的分工情况，对相关单位和个人表示感谢，抒发研究过程中的感想等。后记不是结题报告的必备项目，可根据需要决定有无。

（二）结题报告的撰写

课题研究的材料是结题报告写作的基础。"巧妇难为无米之炊"，没有广泛、科学、翔实的材料，就写不出好的结题报告。结题报告是建立在课题研究的基础之上的，课题研究的过程主要是材料收集、分析的过程。在这个过程中，已经收集了大量的研究资料。在撰写结题报告前，需要对平时积累的研究资料进行进一步的梳理，使之向着结题报告所需要的方向集中。要写好结题报告，需要多方面的资料，比如已有研究资料、政策文献、实验过程中所得到的新资料（数据、一手资料）等。结题报告不是资料的罗列和堆积，因此需要对资料进行分析、整合、提炼和概括，通过现象揭示问题的本质。只有全面占有资料、把握资料、吃透资料，科学合理地进行分析、推理、判断，才能得出科学合理的结论。

在准备材料的基础上，可进行结题报告初稿的写作。结题报告的写作涉及很多方面的内容，这里主要介绍正文内容的写作。

1. 课题研究背景

课题研究背景，也称为问题的提出，主要从背景、现状、基础等方面去回答"为什么要选择这项课题进行研究"。该部分要求用两三段简洁的文字讲清选择这项课题的原因、理由,其中需考虑到教育形势的发展和观念、方法、理念、手段的更新。

2. 课题研究的意义

课题研究的意义,包括理论意义和现实意义,可从课题研究的重要性和必要性,以及可能性等方面去思考。该部分可并入课题研究背景部分,但需独立出现。

3. 课题研究的界定

对课题名称中一些重要词语的内涵、课题研究涉及的范围等做简单阐述。所应用到的教育理论和思想,只能选最精辟、最适用的摘录,切忌全文照搬。依据理论的支撑,说明自己的主要研究思想。

4. 课题研究的目标

课题研究的目标体现本课题研究的方向。目标的确定不能空泛,要紧扣课题,还要注意其结构的内存联系,所确定的目标最终要落实到成果中去。

5. 课题研究的内容

课题研究的内容主要陈述课题研究的范畴、立足点,表述须紧扣研究目标,简洁、准确、中肯。也可将子课题表述成研究的内容。主要内容与课题研究成果同样有着密切的内在联系,课题研究的主要内容必须在研究成果中予以体现。

6. 课题研究的方法

课题的研究往往采用多种研究方法。这部分一般将采用的科研方法与所研究内容之间的关系稍加说明即可,花费的笔墨不必很多。

7. 课题研究的步骤

课题研究步骤的陈述比较简单,一般将课题研究分成准备阶段、实施阶段、总结阶段三个阶段。在每个阶段中简要陈述做了几项工作,简明扼要,不必详细陈述。这部分可并入"课题研究的过程"一起写。

8. 课题研究的过程

课题研究的过程可以花较多的笔墨来陈述。通过回顾、归纳、提炼,具体陈述课题研究的主要过程,以及是采取哪些措施、策略来开展研究的。

写作课题研究的过程时不要用总结式的语调,对每个阶段所做的主要工作要给予比较详细的介绍和说明,主要内容包括以下几点:

(1)研究的时间、地点、对象和参与研究的人员。

(2)对问题、设计和行动步骤、过程措施的回顾。

(3)对观察到、感受到的有关现象的描述、整理。

(4)对行动过程和结果做出判断,对有关现象和原因做出分析,根据新的发现、新的认识和新的思考探讨规律性的东西并进行论证。

写作课题研究的过程时应强调态度客观,以事实为依据,对事实的描述要明确,遣词用句以中性为原则。尽量避免使用第一人称。这部分也可以与"课题研究的步骤"合在一起陈述,在每一个阶段中具体陈述所做的工作、所采取的研究策略或措施等。

9. 课题研究的结果

课题研究的结果包括课题研究的结论和成果,是结题报告中最重要的部分,篇幅可适当长些。能否全面、准确地反映课题研究的基本情况,使课题研究成果得以推广和借鉴,关键看这部分。

研究结论是针对课题研究的问题做出的回答,是整个研究的结晶。其内容包括:对研究总体性的判断,对研究假设的总结性见解;提出切实可行的解决问题的策略和措施;指出尚未解决的问题;提出进一步研究的途径和方法。结论的陈述应精练,鲜明,留有余地。

研究成果要从实践成果和理论成果两方面去陈述,不能笼统地谈。这样的研究成果才有借鉴和参考的价值。同时也应注意研究成果必须体现所确定的研究目标。研究成果中的理论成果可以是研究所得到的新观点、新认识,包括课题研究的结题报告、教师论文发表或获奖情况、论文集等。实践成果包括优秀教案或活动设计汇编、个案汇编、实验课、示范课、观摩课(课件)的获奖情况、学生作品集、情况汇总等。

有的结题报告在陈述研究成果时只谈通过研究,开设了几节公开课、观摩课,发表了多少篇论文,获得何种奖励,有多少学生参加什么竞赛获得了哪些奖项;或者是通过课题研究,学生的学习成绩和学习能力获得了哪些提高,教师的科研水平得到了哪些提升等。这些仅属于实践成果。一篇结题报告,单单这样陈述是远远不够的。因为别人无法从这些研究成果中学习到什么,这样的研究成果推广价值不大。具有借鉴价值和推广价值的,往往体现在理论成果部分。

有人认为,自己的课题研究没有理论成果。其实不然。理论成果,就是通过研究得到的新观点、新认识,或者新的策略、新的教学模式等。这些新观点、新认识、新策略、新模式,又往往与我们在"研究目标"或"研究内容"中所确定的要达到的成果密切联系。这些就是研究的理论成果,这样的研究成果才有借鉴和参考的价值。

研究成果的陈述不能过于简略。有些课题在研究过程中催生出多篇学术论文,这些学术论文就是课题研究的部分成果。在结题报告"研究成果"部分,要将这些论文的主要观点提炼、归纳进去。有的结题报告是这样陈述所取得的成果的:研究成果详见某某论文。只是这样陈述是不行的。如果一个课题分为几个子课题来研究,在结题报告的成果表述中,也要将这几个子课题研究的成果进行提炼、归纳。应注意不要只是简单地罗列这个子课题的主要成果是什么,那个子课题的主要成果是什么,而应融汇所有子课题的主要研究成果,归纳出几点。同时也应注意这些子课题的研究成果必须体现所确定的研究目标。

有关课题的研究经验或研究体会不要在"研究成果"部分陈述。一般说来,一个研究课题在通过结题验收以后,课题组还需要进行总结。一般会总结课题研究的经验,谈及研究的体会。在结题报告中不陈述这方面的内容。

10. 研究反思及今后设想

研究的反思部分讨论该研究的局限性、尚待解决的问题,陈述要求比较简单,但所找的问题要准确、中肯。今后的设想部分,主要陈述准备如何开展后续研究、课题的应用价值和推广可能性,或者如何开展推广性研究等。

上述十个方面,可根据具体课题的情况有所调整,有些部分可以合并,也可以根据需要增加相关的内容,比如研究现状或文献综述等。

（三）结题报告写作规范

结题报告的写作有一些基本的规范需要遵循，下面择要加以介绍。

1. 正文提纲的表述

结题报告目录中的标题呈现有不同的情况。比较长的结题报告，会分章节来写，在呈现目录时，一般到三级标题，即呈现章、节、目。目，即节中的第一级标题。其基本格式如下所示：

第一章　章的名称

　第一节　节的名称

　　一、第 1 个一级标题的名称

　　二、第 2 个一级标题的名称

　　三、第 3 个一级标题的名称

示例 1：

第一章　学生思维培育问题的提出………章 1

　第一节　学生思维培育的意义………节 1

　　一、学生思维培育的现实意义………目 1

　　二、学生思维培育的理论意义………目 2

　第二节　学生思维培育研究的现状………节 2

　　一、国内研究现状………目 1

　　二、国外研究现状………目 2

第二章　学生思维培育研究目标与方法………章 2

　第一节　学生思维培育研究的目标………节 1

有的结题报告有章，没有节，可以直接到目以及目的下一级标题。这种情况实际上也是三级标题。其格式如下所示：

第一章　章的名称

　一、一级标题的名称

　　1. 二级标题的名称

　　2. 二级标题的名称

　　3. 二级标题的名称

示例2：

第一章 以心育促德育问题的提出………章

一、以心育促德育的意义………一级

　　1.充分发挥心育的德育功能………二级

　　2.心育是德育的重要构成………二级

　　3.探索学校德育的新途径………二级

二、以心育促德育研究的现状………一级

　　1.心理辅导室的建立………二级

　　2.心理辅导课程缺失………二级

　　3.心育德育结合不够………二级

2.各级标题的表述

结题报告的写作往往需要各级标题来表示文章的层次,因此离不开标题序号。标题序号是个常识性问题,然而有许多人却经常用错。一至五级标题的序号表示如下：

一、………一级标题

（一）………二级标题

　1.………三级标题

　（1）………四级标题

　　1）或①………五级标题

标题序号写作的几个注意事项如下：

（1）二级标题和四级标题的括号后面不要再加顿号,因为右半边括号已具有标号分隔的作用,再加顿号就重复了。

（2）三级标题后面一般用实心小圆点,而不是顿号,有特殊规定的除外。

（3）文章中只有一、二级标题,也可以用阿拉伯数字加实心小圆点,即上述三级标题的形式表示二级标题。

（4）整篇文章所使用标题的等级要统一。不能一部分二级标题用括号内横"一"即"（一）",一部分二级标题用阿拉伯数字加实心小圆点即"1."的不同形式表示。

（5）标题一般不超过五级。五级标题使用圆圈加阿拉伯数字时,要注意避免与这种形式的注释相混淆。

（6）作为标题要单独成行。

（7）单独成行的标题后面，不添加任何标点符号。即使前面有逗号或顿号等标点，最后结束时也不加句号、问号、叹号等结束符号。

（8）各级标题之间可使用不同的字体或字号以示区别。一般一级标题的字号最大，二级次之，最末一级标题与正文字号相同。

3. 图表的准确使用

为了清晰表达研究成果，有时需要使用图或表。图表的表述要注意规范。

（1）图的使用

图包括曲线图、构造图、示意图、图解、记录图、布置图、照片等。图的使用要遵循以下原则：

1）自明性原则。图应具有自明性，即不阅读正文，只看图、图名和图注，就可以理解图意。

2）图文一致原则。图文一致原则，即图所表示的内容与正文所表示的内容是一致的。图中所使用的数据、符号、代码、文字表述等与正文的表述相一致。图所放的位置与正文所表达的位置应该相配。图文不一致，会导致内容混乱，甚至自相矛盾，影响表达效果。

3）表上图下原则。图表序号名称所放的位置，应遵循表上图下的原则，即表的序号、名称要放在表的上方，图的序号、名称要放在图的下方。

图的表示应有序号，我们称之为图号；应有简短确切的题名，我们称之为图名。必要时，还要将图上的符号、标记、代码、实验条件等，用最简练的文字，横排于图题下方，作为图例说明。这类说明，我们称之为图注。

一个比较完整的图应该包括图、图号、图名。如果需要图例说明，则完整的图的表示为图、图号、图名、图注。

图示的注意事项：曲线图的纵横坐标一般应标明量、标准规定符号、单位，只有在不必要标注的情况下才可省略。坐标上标注的量的符号和缩略词必须与正文中的一致。

（2）表的使用

表的使用遵循以下原则：

1）自明性原则。表应具有自明性，即不阅读正文，只看表、表名和表注，就可以理解表所表达的意思。为了达到自明性的要求，表的各栏均应标明量或测试项目、标准规定符号、单位等，只在无必要标注的情况下方可省略。

2）表文一致原则。表文一致原则，即表所表示的内容与正文所表示的内容是一致的。表中所使用的数据、符号、代码、缩略词、文字表述等与正文的表述相一致。表所放的位置与正文表达相关内容的位置应该相配。表文不一致，同样会导致内容混乱，甚至自相矛盾，影响表达效果。

3）表上图下原则。表应有序号，我们称之为表号；应有简短确切的题名，我们称之为表名。表的序号名称所放的位置，要遵循表上图下的原则，即放在表的上方。

必要时，还要将表中的符号、标记、代码、需要说明的事项等，以最简练的文字加以说明，这类说明性文字，我们称之为表注。表注可以横排于"表号+表名"下方，也可以附注于表的下方。表内附注的序号宜用小号阿拉伯数字加圆括号置于被标注对象的右上角。

一个比较完整的表应该包括表号、表名、表。如果需要表注，则完整的表的表示有两种：一种为"表号+表名+表注、表"，另一种为"表号+表名、表、表注"。

4）上下对齐原则。表内各栏的数字或文字必须遵循上下对齐的原则。数字或文字上下对齐，便于查看和比较。一般使用左对齐方式对齐数字或文字。如果表格较宽裕，也可以采用中间对齐的方式，把整齐的数字，或把字数相等或大致相等的文字置于表格的中间。

表示的注意事项：表内不宜用同上、同左等类似词，一律填入具体的数字或文字。表内空白代表未测或无此项内容，"–"或"…"（当"–"可能与代表阴性反应混淆时可用"…"）代表未发现，"0"代表实测结果确实为零。

4. 引文的规范运用

课题研究往往是在前人研究的基础上进行的，在研究中难免学习、借鉴、引用他人的研究成果或观点，这就需要引文。引用的他人的研究成果或观点即"引文"。在结题报告中,用引文来代替、说明、辅助是一种常见的表达方式。引文可以充实研究内容,增加说明、论证的力量和理论色彩。因此,在结题报告中可以适当地使用引文。

二、课题鉴定前的准备

课题结题是相对于课题立项而言的,它是一项课题研究必须完成的终结性工作,也是教育课题研究非常重要的一个环节。课题结题的主要工作是研究成果的验收鉴定。

鉴定前的准备直接关系到成果鉴定的成败,因此,准备工作必须细致、科学、周全。这些准备工作包括:

(一)分析结题条件

结题前必须对课题的研究情况予以详细周密的审查,客观分析是否具备结题条件。其内容主要包括以下几方面:①课题研究的目的是否达到;②课题研究各阶段各方面的工作、活动是否落实;③课题研究的质量、水平如何,是否达到预期目标;④课题研究的各项资料是否齐全。在全面分析这些条件的基础上,课题组方可对所研究课题的完成情况做出综合性判断。

(二)整理研究资料

结题工作往往是从整理资料开始的,其基本要求是真实、可靠、全面。其主要方法有以下几种:

1.鉴别

课题研究材料纷繁复杂,必须对所有材料进行鉴定区别,剔除不可靠或不必要的材料。

2.分类

对研究材料予以归纳、整理、分类。首先要区分研究参考材料与结题材料。研究参考材料是在研究过程中搜集的、与课题研究相关的材料,大都是他人现成的间接材料。结题材料是课题研究活动的产品及有关材料,大体可分四类:①成果材料。包括主件、附件,主要有研究报告、论文等文字材料,以及光盘、图表等非文字成果。研究成果的主件只能是一件,其余相关材料可作为对主件进行补充说明的附件。②原始材料。即在研究过程中通过观察、调查等方式采集的所有与本课题研究相关的有保存价值的材料。③课题工作材料。主要有课题立项申报书、批复文件、课题合同书、实施计划、方案、工作小结或阶段总结等。④有关成果效益与影响的材料。这主要是针对一些实验性课题而言,应包括一些社会客观反映或与课题研究效益有关的材料。

3.编目

对各种研究材料经鉴别、分类后,填写材料类别、编号、名称、来源等项目,编写材料目录,便于查阅。

(三)撰写课题研究工作总结报告

课题工作总结是对从课题立项到成果形成的研究情况、工作、活动进行全面的回顾、分析和概括。课题研究工作总结一般包括以下几方面的内容:

(1)研究过程,完成的研究内容,达到的目的和水平,科学意义和创新之处。

(2)获学术奖励、专利及推广应用等情况。

(3)分析超过或未达到预定目标、进度和研究内容的原因。

(4)国内外同类研究工作取得的进展,以及对今后本领域研究工作的设想,建议。

三、申请结题鉴定

研究者在对课题研究过程中的人、事、信息、时间、财物等要素进行总结、回顾,完成结题报告后,并不意味着研究工作的自行了结,必须经过主管部门和单位的认定。由于课题研究成果具有学术性,涉及多学科的理论、原理和方法,成果鉴定和评价要聘请专家进行。因此,课题组的研究报告及其他形式的成果等,要根据课题来源、级别、内容等因素,向有关方面申请鉴定。

申请鉴定的方法如下:

1. 准备课题研究材料

包括课题报告、研究报告(或实验报告),以及与课题有关的其他材料,一般在预定鉴定时间一个月前送交有关部门或有关人员。

2. 拟写申请报告

领取或从网上下载课题结题鉴定申请书,填写申请表。申请报告要简明扼要。

3. 填写鉴定申请

课题鉴定申请书和鉴定书要规范填写,填写时注意以下几个方面的内容。

(1)课题名称要精确。课题名称要精确填写,与课题立项时的名称保持一致。

(2)完成单位要盖章。要在课题鉴定书上盖上完成单位的公章。公章一般不用部门章,而是单位的公章。

(3)立项时间要准确。立项时间要准确,要与批准时间相一致。为了保证准确,要查看立项通知,按照立项通知上批准的时间填写,不能以接到通知或自己的记忆填写。

(4)成果形式相对应。课题研究成果的形式与申报的实际成果,无论在名称上、类型上,还是数量上都要相对应,避免出现不一致。

(5)鉴定项目不用管。鉴定书上有关鉴定的项目,如鉴定形式、鉴定日期、鉴定单位、鉴定专家等,申请鉴定者不用管,因为这是课题管理部门的事情。这些内容可以空着。如果有"申请鉴定方式"栏,可填写自己想要的鉴定方式,比如通信鉴定、会议鉴定、现场鉴定、成果认定之类。

(6)主持者前后要一致。课题的主持者与课题申请立项时的一致。如果中间主持者有所更换,且报课题主管部门批准的,可以填写更换过的主持者。

(7)成员次序不更换。课题组成员的排名次序应与立项申报时保持一致,不应有所更换。如果课题研究过程中,课题组成员有所变动,向课题管理部门申报更换过的,可以按更换过的次序填写。

(8)按照要求打印。按照课题管理部门的要求,打印课题鉴定书,包括用纸的型号、大小,打印的份数等。

4. 递交结题材料

准备好结题所需的各种材料后,要按照指定的时间、方式、数量,准时、准确、足量地向课题管理部门递交结题申请的相关材料,包括结题申请书(鉴定书)、研究成果的主件、附件及研究工作总结等。

自下而上,向本单位和省、市、区科研管理部门汇报科研情况。校级课题向本校提出申请,学校根据科研成果评价的标准和方法,组织校内具有高级职称的教师及校外相关专业的专家进行评议。省、市、区县级课题要分别向省、市教育科学规划领导小组办公室、区县相应科研管理机构或委托机构提出申请,根据研究成果及经费等条件,分别提出验收或评审的形式、时间、方法。教育科研管理部门在收到申请后,将会做出明确答复。鉴定工作由省、市、区县科研管理部门组织和主持;省级、市级以上的重点课题,必须组织专家评审。

课题鉴定验收后,课题组应针对专家评议和建议做必要的修改、补充,使研究更完善。同时,要根据有关要求,将研究成果材料、研究工作报告、验收或评审材料送交省、市、区县科研管理部门和本单位各若干套;研究中的原始材料交本单位,存入科研档案或业务档案;有课题经费的还应分别同相关部门结算。没有通过验收的课题,须根据评审组意见继续研究,等达到结题要求时,重新申请结题。

第六章
中小学教师科研现状与对策研究

在我国,随着基础教育改革的不断深入,处于教育教学一线的中小学教师,作为教育改革的重要实践者,其教育科研水平的高低,既影响着基础教育课程改革的实际走向,又影响着教师自身的专业发展进程。因此,了解中小学教师教育科研现状并进行分析研究,有助于探寻提升中小学教师教育科研能力的有效路径。

第一节　中小学教师科研现状

一、调查对象与方法

调查对象为来自湖北省阳新县、五峰县、南漳县、荆州区等区县的 261 位参加"国培计划"的中小学教师。共发放问卷 261 份,收回问卷 221 份,有效问卷 221 份,有效回收率达 84.7%。

本研究主要采用问卷调查法,对湖北省中小学教师科研现状进行调查。问卷涉及被调查对象的基本情况(教龄、学历、职称等)和教师教育科研的总体情况,包括教师的科研意识、科研现状和能力、科研环境、科研过程存在的困难四个维度。

二、中小学教师科研现状调查结果

(一)中小学教师的科研意识不够

从表6-1可以看出,虽然教育科研会占用教师的休息时间,但是有81%的教师认为科研工作有必要开展,仅有3.6%的教师认为没必要,有15.4%的教师表示不清楚。从表6-2可以看出,为了解决教育问题而开展科研的教师占71.4%,为了晋升职称的有39.8%,为了实现人生价值的有25.5%,为了完成学习任务的有23%,还有6.8%的教师为了科研奖励津贴。调查结果显示,绝大多数教师在是否有必要开展科研的问题上基本达成共识,尽管有部分教师的科研动机是迫于形势,为了奖励、任务、职称等功利性目的,但更多的教师的科研目的是解决教育问题,是为教学质量服务的,是健康的、正面的。还应该说明的一点是,调查对象为参加"国培计划"的骨干教师,这些骨干教师的科研意识总体上来说是强于普通中小学教师的,所以中小学教师的科研意愿和目的情况并不乐观。

表6-1　教师科研意识统计表(%)

是否有必要开展科研工作		
有必要	没必要	不清楚
81.0	3.6	15.4

表6-2　教师开展科研工作目的的统计表(%)

目的	为了解决教育问题	为了晋升职称	为了实现人生价值	为了完成学校任务	为了获得科研奖励津贴
有效百分比	6.8	23.0	25.5	39.8	71.4

(二)中小学教师的科研能力偏低

从表6-3可以看出71%的被试都是本科学历,应该具备基本的科研能力。从被试的工作年限可以看出,10年以上教龄的被试占被试总数的

66.5%，10年以上教龄的教师应该是处于成熟期甚至更高层次。通常来说，成熟期的教师已经形成自己的教学风格，具备一定的教育科研能力并有一定的科研成果。但从表6-3中可以看到，高级职称的教师仅有10%，大部分被试教师多是初级或中级职称。有56.1%的教师从未发表过论文，35.3%的教师发表过一两篇，发表三篇以上的仅8.6%。调查结果表明，被试的科研成果较缺乏，与其专业职称和学历情况不匹配。从表6-4可以看出，论文的发表与工作年限、职称、学历层次等因素都存在显著的正相关（$p < 0.01$），说明职称越高，工作年限越长，学历层次越高，论文发表情况就越好。

调查结果显示，32.6%的中小学教师掌握调查法，25.8%的教师掌握文献法，48%的教师掌握观察法，57.9%的教师掌握经验总结法，一种科研方法都不会的有23.1%。对于如何发现和确定科研主题的问题，有33%的教师是上级部门给定的研究主题，能在工作实践中遇到困惑产生研究主题的教师有31.2%，头脑中有灵感找到研究主题的教师有4.1%，在看科研文献时能找到灵感产生研究主题的教师仅占3.2%，还有28.5%的教师从来没进行过科研工作。这些结果表明，中小学教师取得了部分科研成果但整体科研水平不高，有很多教师对于教育科研还很陌生，对于科研工作的了解不够且缺乏积极主动的思考，绝大部分对科研工作有愿望但能力不足。

表6-3　被试基本情况统计表（%）

工作年限（年）				专业职称				工作岗位			学历层次		
1~3	4~5	6~10	10以上	无	初级	中级	高级	教学岗位	行政管理岗位	科研岗位	中专	大专	本科
10.0	9.5	24.0	56.6	9.5	33.9	46.6	10.0	90.9	5.0	4.1	0.5	28.5	71.0

表6-4　教师是否发表论文与工作年限等因素的相关

因子	工作年限	专业职称	学历层次
论文发表情况	0.376	0.358	0.286

（三）中小学教师的科研氛围不浓厚

调查结果显示,有 36.2% 的教师认为身边的从事过科研的教师以一种走过场,敷衍塞责的态度对待其科研工作;有 20% 的教师认为身边的教师对待科研的认真程度随课题的含金量与领导的重视程度而改变;只有 17.6% 的教师认为身边的教师对待科研工作很认真;还有 26.2% 的教师对身边教师的科研工作不了解。关于学校领导是否重视教师科研的问题,从表 6–5 可以看到,有 42.1% 的教师认为其所在学校的领导对教师的科研工作很重视;认为领导对科研工作不重视的有 40.7%;还有 17.2% 的教师所在学校的领导从未对教师科研提出要求。而关于所在学校是否组织教师参加学术交流或科研培训的问题,38% 的教师表示学校偶尔组织教师参加培训或交流;只有 16.7% 的教师表示学校会经常组织教师参加培训或交流;还有 44.3% 的教师表示学校从未或极少组织教师参加科研培训或学术交流。

从调查结果我们不难看出,中小学教师的科研氛围不浓厚,只有少数教师认真对待科研工作,更多的教师是走过场的形式来做科研;学校领导对教育科研的重视程度也不够高,其中不乏一些轻视教育科研而一味抓教学成绩的校方领导;中小学教师参加科研培训的机会少,学校对教师教育科研的支持不够,既没有为有科研愿望的教师提供学习科研的机会,也没有形成良好的科研氛围。

表6–5　领导是否重视教师科研统计表(%)

很重视	不重视	从未要求
42.1	40.7	17.2

（四）中小学教师在开展科研工作中存在多方面的困难

关于影响教师参加科研工作积极性的主要原因的问题,调查结果显示有 52.5% 的教师是因为自身的思想认识不到位,认为没有必要开展科学研究从而影响教师参加科研工作的积极性;有 48.4% 的教师认为学校领导的重视程度不够,缺乏有效激励机制影响教师参加科研的积极性;认为缺乏科学研究指导与培训,教师不懂得如何开展科研工作,而影响到教师科研的积极性的占27.1%;还有24.9%的教师认为是教师工作繁重,没有时间从事科学研究进而影响到教师参加科研的积极性。而就教师本人而言,开展科研的主要困难,通过表6-6可以看出,有31.2%的教师认为是工作繁忙没有时间;还有26.2%的教师认为最主要的困难是不懂得教育科研方法;认为理论基础薄弱是主要困难的有25.3%;有15.4%的教师是因为对科研的重要性认识不足,没有兴趣从事科研;认为缺乏文献资料是主要困难的有1.9%。

从调查结果可以看出,教师自身的思想认识和对科研的重要性的认识最能影响教师开展科研的积极性,此外学校领导的重视程度和是否建立有效的奖励机制也是影响教师开展科研的重要因素。教师在科研过程中的困难主要是工作繁忙没有时间和不懂得如何开展科研工作,理论基础薄弱,科研能力暂时达不到。所以学校方面应该给予教师更多的时间和精力开展科研工作并建立健全有效的奖励机制,真正意识到科研对于教育教学的重要性而不是一味抓教学。在科研知识科研方法学习方面,科研能力的提高方面则需要我们给予培训者帮助和指导。

表6-6　教师开展科研的主要困难统计表(%)

工作繁忙	不懂科研方法	理论基础薄弱	没有兴趣	缺乏文献资料
31.2	26.2	25.3	15.4	1.9

三、中小学教师科研现状存在的问题及原因分析

(一)存在的问题

通过对中小学教师科研现状的分析,可以总结出中小学教师开展科研工作中的问题主要有:①中小学教师对于科研的态度总体比较积极,大部分教师是有科研愿望的,尽管有小部分教师开展科研工作的目的是晋升职称等,但总体来说仍是正面的;②中小学教师的科研现状与其工作年限和学历层次不符,科研成果偏少,科研水平不高,对科研方法掌握情况不乐观,对科研主题缺乏积极的思考,没有真正意识到教育科研对于教育教学的重要性

和意义；③中小学的科研氛围较差，认真做科研的教师只有两成不到，学校领导对教师科研不够重视，学校为教师提供的参加科研培训或学术交流的机会太少，有接近一半的教师表示学校从未或极少组织教师参加科研培训或学术交流；④教师自身对于教育科研的思想认识不到位，学校对教师科研的重视程度不高支持不够都在很大程度上影响教师开展科研工作的积极性，中小学教师工作繁忙，教学任务重，加上对科研方法掌握不到位，理论知识薄弱，造成中小学教师科研水平不高，科研成果少的现状。

（二）原因分析

1. 中小学教师对教育科研认识不到位

经过新课程改革的进行与推广，中小学教师开始逐步意识到教育科研对于教育教学的重要性，但在实际工作中大多数教师对教育科研的认识存在一些偏差，主要表现在两个方面：一方面部分教师不能客观认识教育科研，他们从心底里认为教育科研高不可攀，认为自己的职责是教学，只有专门从事教育理论研究的专家才需要科研，忽视了教育科研和教育之间相辅相成的关系；另一方面很多教师的科研目的不纯，如为了完成任务或晋升职称等，带有一些功利色彩，或抱着敷衍塞责、走走过场的态度开展科研工作，不是一个研究者应有的态度，自然不会积极思考、总结、归纳等。调查结果显示，有70%的中小学教师的学历达到了本科，还有30%达到了大专，但是大部分教师在走上教学岗位以后便忽略了教育理论知识的学习和提高，这直接导致了教师在开展教育科研时缺乏理论的指导。加上教学任务繁重，升学压力大，许多教师将绝大部分的身心投入教育教学中去，能投入教育科研的时间和精力少之又少，但是由于不经常阅读专业刊物，科研能力停滞不前，长此以往，教师对科研的热情便被磨灭。

2. 中小学对教师教育科研的重视程度不够

调查结果可以看出学校对教师科研的重视不够。随着"科研兴校、科研兴教"观念的推广，学校领导逐渐开始把教育科研摆在重要的位置，但是升学率仍被中小学摆在第一位，部分中小学校长没有有效处理教学与科研的关系。学校领导教育科研工作重视程度不够，没有对教师科研提出明确要求，也没有建立能激发教师科研热情的奖励机制，学校投入教育科研工作中的经费得不到保障。中小学为教师提供的培训机会远不能满足教师的培训需求和学习愿望，教师缺少专业教育科研专业研究人员的指导，教师的科研理论知识得不到强化学习，科研能力也就无法提高，这样的情况自然而然会降低中小学教师的科研积极性，久而久之，中小学教师的科研素养自然也就差了。

3. 中小学教育科研资源匮乏

中小学与高校相比在师资水平、教学设备的配置、学习资源的获取等方面都存在一定的差距，致使教师在接受先进教育理念、获得现代化的信息技术等方面滞后。由于条件的局限性，多数学校只能沿袭传统的教育方式，现代化的教学方式很少能介入课堂教学中。教育科研需要人力、物力和财力等多方面投入，即使进行教育科研，多数也只能成为一个空架子，没有条件支持实施。有些学校还为了应付而进行简单操作，简化程序，让教育科研失去了意义。

4. 政府和教育部门对教师科研的支持不足

在中小学教师科研存在的困难中，教师工作繁忙和缺乏理论知识是最大的问题，然而这些问题依靠教师本身和学校领导是远远不够的，政府和教育行政部门的重视和支持能在很大程度上改善教师教育科研的现状。"国培计划"就是一个很好的例子，只有政府、中小学、中小学教师、高校共同努力才能从根本上提高中小学教师的素养和科研能力。政府部门除了做宣传工作之外，还需要为中小学教师的教育科研提供强大的财力和物力支持，以及出台合理的奖励和评价机制，杜绝教师教科研盲目的情况。

第二节　中小学教师科研现状对策

一、地方政府和教育部门要加大支持力度

一方面，中小学相对大学而言，科研信息闭塞，相关政府部门应该加大科研经费、科研资料的供给，向中小学教师教育科研倾斜，制定相关政策法

规保证教师进修。另一方面,当前许多中小学科研存在队伍薄弱、制度不健全等问题,致使教育科研管理部门效率低,许多教育科研管理部门仅仅做了"上传下达"的工作,而没有起监督落实的作用。中小学出现科研过程不真实、教师态度不端正等问题。

所以要真正提高教师教育科研的能力就必须加强地方教育科研工作管理,发挥教育管理部门的作用,实施"四环"管理模式,即以地方教育科研管理部门为中心,以课题立项为基础,以中小学教育科研为渠道,以促进中小学教师教育科研持续、特色、高位发展为目标,是一个动态管理的过程,是一个闭合循环的过程,可分为"组织目标—计划实施—过程监控—评价反馈"四个步骤。① 实行"四环"管理可以规范中小学的教育科研管理,提高中小学教育科研管理部门效率。

二、高校和教育培训机构要增强培训的实效性

目前,中小学教师科研能力低,教师的理论知识薄弱,有科研意愿但是不知道如何做科研,也不了解教育科研的方法。所以高校和教育培训机构就显得十分重要,在对教师的培训中要根据教师的实际水平和真实需求来确定培训内容,为教师开展科研工作提供专业知识帮助。同时,高校和中小学可以建立伙伴关系,构成研究共同体,将高校老师的专业知识和能力同中小学教师的实际经验结合起来,发挥各自所长。

1. 高校和培训机构要积极与中小学建立合作关系

随着经济全球化发展和人们观念的转变,教育也开始走向开放化和合作化。高校和教育科研机构要积极与中小学建立长期合作关系,合作关系不仅仅是信息的共享,同时要为双方带来进步和改变,也是双方交流学习的好机会。国外基础教育学院的教育科研常常体现为一种集体协作,研究者之间构成一个研究共同体,开展彼此民主平等的合作,主要表现为大学教师

---

① 陈留明.城镇化背景下农村中小学教师科研能力培养策略[J].中学政治教学考,2017(7):91-93.

和中小学教师合作、教育科研人员和中小学教师合作、学校部分教师合作等。

大学教师与中小学教师合作也被称为 US(University-School)联合体,早在西方 20 世纪 60~70 年代就已经出现。① 80 年代后期,美国发布了一项提高中小学教育的策略"派出部分大学教师到中学做专任教师,指导中学教育改革和实践"。这项策略同样可以在我国推行,可以让大学教师指导中小学教师参加大量科研讨论和示范活动,在学习到科研理论知识的同时,中小学教师有机会和高校教师一同开展课题,亲身体验教育科研的过程,从而对教育科研不再陌生。教育科研人员和中小学教师的合作也是十分常见的合作形式之一,通过这种形式可以提高科研效益,让很多中小学教师能根据自身的情况,更好地学习和掌握科研知识和方法,从而提高教师的科研能力。

2. 改进中小学教师培训方式方法

提高中小学教师的科研能力不是短期可以实现的,是一个长期而系统的工程。"国培计划""省培计划""地方县市培训""校本培训"等不同层次类型培训,一是要做好统筹规划,二是具体项目实施中要周密安排,注重各环节衔接与落实。①在培训前做好调研工作,了解教师的实际需求;②在培训前让参训教师提前思考,带着问题来培训;③培训中以带有普遍性的突出的问题为载体,层层深入;④任务驱动,为参加培训的教师提出明确的任务,让其在做中思,逐步了解和掌握科研方法和技巧;⑤在集中培训后,对教师科研进行跟踪指导,了解教师的科研进程,帮助教师解决科研过程中的困难和问题。②

三、中小学学校要加强教师科研管理和引导

中小学领导不重视教育科研是影响教师科研积极性的重要原因之一,

① 董素静. 国外中小学教师校本教育科研能力的培养——教师专业化发展的重要途径之一[J]. 外国中小学教育,2005(4):5-9.

② 王志梅. 河北省农村中小学教师教育科研现状调查与对策研究——以"国培计划"河北省农村中小学教师置换脱产研修项目为例[J]. 成人教育,2013(12):62-64.

因此要改变教师的科研现状,学校领导就要转变观念,树立科研兴校的意识。

1. 创设良好科研氛围

学校领导要从教师的角度出发,为教师教育科研创造良好的条件。通过完善教育科研奖励机制,将教师的教育科研纳入教师年终考核,为教师科研提供有力的政策支持;为教师提供高质量的培训机会等有力措施来促进教师教育科研素养的提升;结合教师的所教学科和所教年级组建科研团队或聘请高校教授或专业的教育研究人员加入,促进教师教育共同体的构建。① 同时,校长应该在教育科研中起着示范和领导的作用,带头做科研。另外,中小学领导应加强学校和科研机构的合作,开展互动的校际交流,建立校际联合科研机制。②

2. 加强对中小学教师科研培训

对教师加强培训是提高教师科研素养的重要途径之一,教师要加强理论知识学习,掌握科研步骤与方法才能改善中小学教师科研现状。学校要多途径提供培训支持,了解教师的科研需求,加强与高校的交流合作,为教师提供高质量,符合本校教师的实际情况的培训活动。

3. 为教师科研实践创造良好的条件

教师科研能力的提高要通过时间来实现,但是中小学教师肩负着繁重的教学任务,占用了教师大量时间和精力,阻碍了教师开展科研工作。学校领导抓教学质量的同时还应该注重教师科研,合理安排教师开展科研工作和参加培训的时间,让教师有时间学习、思考、总结,实现科研和教学相互促进。科研经费对于教师科研也是必要条件之一,购买科研报刊资料、教师培训、成果奖励等都需要一定的经费,中小学应该把教育科研经费投入作为一种成本纳入学校成本预算,保证学校教育科研的顺利开展。③

---

① 李莉.陕西省中小学教师教育科研现状的调查与分析[J].西安文理学院(社会科学版),2018(4):67–70.

② 郭秋景.农村中小学教师科研素养现状及提升策略[D].宁波:宁波大学,2017.

③ 马红霞,李惠.农村小学教师教育科研现状的调查与分析——以张掖市甘州区农村小学为例[J].河西学院学报,2014(2):84–88.

四、中小学教师要提高科研意识

第一,中小学教师要有强烈的问题意识,教育科研其实并不遥远,教师要善于发现在教育教学过程中遇到的问题,对问题进行思考,设计方案解决问题的过程其实就是课题研究的过程。

第二,教师要端正态度,明白科研和教学是相辅相成的,不能一味为了所谓的"升学率"而忽略了教育科研,立足于教育教学日常并从中发现问题。积极参加学校组织的各种教育科研培训活动和学术交流活动,加强理论学习,提高自己的科研素养。结合自己的教育科研实际需求,主动学习,阅读相关的教育科研方法类书籍,向有教育科研经验的教师请教探讨,形成良好的科研氛围。由于中小学教师的教学任务繁重,想要抽出大量的时间进行专业的科研理论学习和研究的可能性并不大,所以教师应该利用好零碎的时间,采取主动参与式的学习方式。

总之,中小学教师教育科研不仅需要教师自身的努力,更需要政府、教育部门、高校、教育培训机构、学校领导各层面共同营造良好的氛围。切实抓好中小学教师的科研工作不仅能促进教师教学,还能逐步提高农村基础教育的质量。

参考文献

[1]于漪.于漪新世纪教育论丛[M].广西:广西教育出版社,2008.

[2]于漪.于漪基础教育论稿[M].山西:山西教育出版社,2014.

[3]郑金洲.教师如何做研究[M].2版.上海:华东师范大学出版社,2012.

[4]冉乃彦.中小学教师如何做研究[M].北京:人民教育出版社,2006.

[5]陈思宇.新世纪我国中小学教师科研胜任力研究[J].现代中小学教育,2019(9):61-67.

[6]王红雁.反馈式培训提升中小学教师科研能力[J].基础教育论坛,2020(6):4-5.

[7]徐普.中小学教师科研意识培养的思考[J].视界观,2019(8):1.

[8]任玉军.中小学教师教育科研能力影响因素与提升策略研究[J].江苏教育,2020(14):34-38.

[9]李志欣,刘高珊.中小学教师教科研的真实样态[J].师道,2019(3):53-55.

[10]吴义昌.如何做研究型教师[M].上海:华东师范大学出版社,2014.

[11]龙文祥.做身边的研究[M].芜湖:安徽师范大学出版社,2013.

[12]冯卫东.今天怎样做教科研:写给中小学教师[M].北京:教育科学出版社,2012.

[13]刘良华.教育研究方法专题与案例[M].上海:华东师范大学出版社,2007.

[14]周兴国,吴佩佩.论教学反思的实践意义及其限度[J].教育科学研究,2013(10):31-35,40.

[15]王晓华.论教学反思的有效途径[J].教研天地,2013(1):12-14.

[16]吴振利.论中小学教师教学反思的问题、特征与种类[J].河北师范大学学报(教育科学版),2014(7):101-105.

[17]徐崇文.中小学教师教育研究读本[M].上海:上海教育出版社,2014.

[18]李海林.美国中小学课堂观察[M].北京:教育科学出版社,2015.

[19]兰保民.语文课堂教学评课智慧:于漪评课案例剖析[M].上海:上海教育出版社,2012.

[20]陈大伟.有效观课议课[M].天津:天津教育出版社,2010.

[21]崔允漷,沈毅,吴江林.课堂观察Ⅱ:走向专业的听评课[M].上海:华东师范大学出版社,2013.

[22]余文森.有效备课上课听课评课[M].福州:福建教育出版社,2009.

[23]张文质,陈海滨.今天我们应怎样评课[M].重庆:西南师范大学出版社,2011.

[24]丁有宽.丁有宽与读写导练[M].北京:北京师范大学出版社,2006.

[25]李海林.李海林讲语文[M].北京:语文出版社,2008.

[26]张思明.张思明与数学课题学习[M].北京:北京师范大学出版社,2006.

[27]程红兵.直面教育现场[M].上海:华东师范大学出版社,2013.

[28]张贵勇.读书成就名师:12位杰出教师的故事[M].北京:教育科学出版社,2013.

[29]程先国.基于教育科研的中小学教师有效提炼概念路径探析[J].教师教育论坛,2020(4):42-45.

[30]田军章.如何提升中小学教师的教育科研能力[J].读与写(上,下旬),2019(5):229.

[31]陈大伟.教学案例研究的三种指向[J].上海:上海教育科研,2015(5):60-62.

[32]于漪.于漪与教育教学求索[M].北京:北京师范大学出版社,2006.

[33]于漪.岁月如歌[M].上海:上海教育出版社,2007.

[34]冯起德,陈小英.教师的科学研究[M].长春:东北师范大学出版社,2002.

[35]郑慧琦,胡兴宏.教师成为研究者[M].上海:上海教育出版社,2005.

[36]杨玉东.课例研究的关键是聚焦课堂[J].人民教育,2013(7):44-47.

[37]齐佩芳,全守杰.论教师自我发展的反思之路:对教学反思存在问题的剖析[J].教育与教学研究,2011(4):28-31,35.

[38]张民生,金宝成.现代教师:走近教育科研[M].北京:教育科学出版社,2002.

[39]刘英琦.做研究型教师:问题·方法·实例[M].广州:广东教育出版社,2013.

[40]郭子其.做一个研究变革型教师[M].重庆:西南师范大学出版社,2013.

[41]邵光华,顾泠沅.中国教师教学反思现状的调查分析与研究[J].教师教育研究,2010(2):66-70.

[42]潘小明."冰山原理"新解:"长方形的面积与周长"教学实录与反思[J].中小学教学(数学版),2008(16):66-69.

[43]陈大伟.观课议课的文化观念[J].教育与教学研究,2010(5):1-4.

[44]邵珠辉,李如密.教师专业发展视域下的教学关键事件[J].教育科学研究,2010(10):62-64.

[45]程红兵.学校教学领导如何观课评课[J].中小学管理,2011(10):23-28.

[46]梅启华.中小学教师贵在做有效科研[J].成才,2019(3):12-14.

[47]姚进,李军玲,唐晶.信息检索在中小学教师教学及科研中的应用探讨[J].学园,2019(19):46-51.

[48]利红霖.中小学教师领导力影响因素研究[D].成都:四川师范大学,2019.

[49]顾秀林.提高中小学教师教育科研的科学性[J].中国教育学刊,2020(3):108.

[50]杨秀柱.新形势下中小学教师开展教育科研的路径选择[J].黔南民族师范学院学报,2020(2):84-88.

[51]陈国民,范楠楠,祝怀新.异化与归位:中小学教师教育科研的现状探析

[J].教师教育论坛,2020(8):16-18.

[52]张少波,李海林.事实和证据视野中的课堂教学诊断[M].上海:上海教育出版社,2015.

[53]田荣俊.课堂教学改进策略研究[M].上海:上海交通大学出版社,2015.

[54]张文质,刘永席.今天我们应怎样进行教学反思[M].重庆:西南师范大学出版社,2011.